本书受到云南省哲学社会科学学术著作专项经费资助

"一带一路:马克思主义社会时空理论的实践和发展",项目编号:2018JS531

"马克思主义社会时空观研究",项目编号:DXXY2017005

马克思诞辰200周年纪念文库
The 200th Anniversary Books for Karl Marx

"物"的解放
——马克思主义社会时空观研究

张文涛 | 著

图书在版编目（CIP）数据

"物"的解放：马克思主义社会时空观研究／张文涛著．
—北京：中央编译出版社，2019.1
ISBN 978-7-5117-3662-8

Ⅰ．①物…
Ⅱ．①张…
Ⅲ．①马克思主义—社会发展—理论研究
Ⅳ．① A811.64

中国版本图书馆 CIP 数据核字（2018）第 284888 号

"物"的解放：马克思主义社会时空观研究

| 出 版 人：葛海彦
| 责任编辑：杜永明
| 责任印制：刘　慧
| 出版发行：中央编译出版社
| 地　　址：北京西城区车公庄大街乙5号鸿儒大厦B座（100044）
| 电　　话：（010）52612345（总编室）　　（010）52612339（编辑室）
|　　　　　（010）52612316（发行部）　　（010）52612346（馆配部）
| 传　　真：（010）66515838
| 经　　销：全国新华书店
| 印　　刷：三河市华东印刷有限公司
| 开　　本：710 毫米×1000 毫米　1/16
| 字　　数：169 千字
| 印　　张：15.5
| 版　　次：2019 年 1 月第 1 版
| 印　　次：2019 年 1 月第 1 次印刷
| 定　　价：78.00 元

网　　址：www.cctphome.com　　邮　箱：cctp@cctphome.com
新浪微博：@中央编译出版社　　　微　信：中央编译出版社（ID: cctphome）
淘宝店铺：中央编译出版社直销店（http://shop108367160.taobao.com）（010）55626985

本社常年法律顾问：北京市吴栾赵阎律师事务所律师　闫军　梁勤
凡有印装质量问题，本社负责调换，电话：（010）55626985

自 序

在马克思主义社会时空观的研究中,最为关键的人物是列斐伏尔,他从空间维度发他人之未发,阐释了黑格尔精神生产空间的表象论、马克思物质生产空间论和尼采的文化表征空间论。与其他西方马克思主义者一样,他们都提出了一些有价值的问题,但却提供了一些糟糕的答案。后来大卫·哈维虽然提出地理历史唯物主义,从时空压缩的角度探讨了资本逻辑与领土逻辑之间的互动关系,但他依然没有从马克思理论的有机整体性,来探讨马克思主义的历史唯物主义中社会时空辩证法问题。吉登斯虽然涉及马克思历史理论的整体性问题,但是他有意夸大马克思唯物史观内部的冲突矛盾。他们所提供的视野虽然为我们理解马克思的社会时空观提供了参考,但是有很大的局限性,我们必须独辟蹊径。

我思考马克思的社会时空理论是从"占有与所有权"的关系开始的。在《〈政治经济学批判〉导言》中,马克思对黑格尔关于"占有与所有的关系"的批评就足以说明马克思对此问题的重视。在这里，马克思通过简单抽象范畴与具体复杂范畴的问题，研究了"占有与所有"的关系。马克思认同黑格尔在《法哲学原理》中，从最简单的范畴"占有"开始探讨具体的范畴所有权问题。但是马克思反对黑格尔所讲的从占有发展到私有财产的具体过渡。马克思认为占有是通过共同体来实现的，也就是说通过家庭、氏族等社会形式进行占有。所有制的问题首先是共同体问题，是社会组织的问题。社会交往形式是最早的所有制问题。也就是说，血缘共同体是最早的所有制问题。这一方面的研究，我们在"原生生产方式与历史辩证法"一节中做了探讨。

接着我探讨了"占有与所有权"的关系在价值与交换价值中的表现。所有制采用交换价值这种自由的、流动的、动产所有制形式，以及"占有规律"怎样随着所有权形式的改变而改变，我在"价值存在的原生时空"和"价值存在的社会空间"两节中做了探讨。其中，价值存在的原生时空是与原生生产方式和历史辩证法相联系的前资本主义社会中的价值存在方式。这是为解决马克思所讲的价值与资本的矛盾必须加以阐述的。因为，资本主义的经济学家一方面认为价值先于资本存在，另一方面又认为价值只有在资本中才有现实的存在。所以我们就按照马克思的意思，探讨了价值存在的原生社会时空，即价值还没有展开自身时的"自在"存在。

阐述价值的"自在"存在比较麻烦，这牵扯到唯物史观与马克思价值理论的内在联系问题，因为马克思反对黑格尔意义上的历史目的论，即前期的历史是后来历史的工具，为了后来的历史而存在。马克思在《德意志意识形态》中探讨生产力与交往形式的关系时，指出交往形式与生产力的关系就是自主活动与交往形式的关系。在任何一个历史阶段中，人类都是根据现有的历史条件自由创造自己的历史的。人是创造历史的自由主体乃为贯穿于马克思理论始终的观点，但是自由的含义在历史的不同发展阶段和不同的社会时空条件下，具有不同意义。狭义地讲，只有从社会的形式方面才能界定人类自由的不同内涵。所有制的不同形式同时就是自由的不同形式。广义地讲，自由在历史上有两种存在方式：一种是内涵性自由，一种是形式自由。内涵性自由广泛存在于公有制中，这是一种全面的占有性自由，但是个人没有形式自由，马克思称其为"普遍的奴隶制"。这在亚细亚生产方式中表现得最为明显。例如，在亚细亚社会中，只有个人占有，没有个人所有，所有权归集体，因此从形式和整体上看，亚细亚社会没有私有制。而所有权代表了自由、自主地支配自己生活的权力。在这方面马克思批判地继承了黑格尔在《历史哲学》中提到的历史自由观。黑格尔认为中国只知道一个人的自由，古希腊罗马社会只知道一些人的自由，日耳曼社会则知道所有人的自由。

马克思把私有财产从公有财产中获得解放的过程，同时理解为单个的个人从血缘共同体中获得解放的过程；从形式方面看，他把私有制理解为人的狭隘自由。同时马克思又发展了黑格尔的历史哲学，在《资本论》中，马克思明确提出了以私有财产为正题，以资本的集体占有方式为反题，以共同占有下的个人所有制为合题的未来的共产主义发展趋势。只有在共产主义社会中，才能实现共同占有下的内涵自由与个人所有的形式自由的统一，这些内容在"《资本论》与历史辩证法"和"价值存在的社会时空"等章节中探讨。

我们知道，所有制在资本主义世界中实现了物化，也就是说人与人之间的关系表现为物与物之间的关系，马克思的《资本论》正是通过研究人生活于其中的商品世界来研究这种所有制的占有规律的，因此我们不得不从物的角度来研究人类历史的发展。人的解放首先是物的解放，正如马克思在《1844年经济学哲学手稿》中提到的，只有物按人的方式同人发生关系，人才按人的方式同物发生关系。而物的人性问题，在具体时代就是物的社会性问题，在不同的社会形式中，物的人性的遮蔽与展开是通过社会时空来实现的。

动物与自然之间是一种片面的关系，而人与自然之间则发生全面的关系，因此动物和自然之间的关系并不是作为关系而存在的。人类与自然之间关系的生产是一个不断发展的过程。正是人同自然之间的这种关系的全面性，才使得自然空间本身成为人类的对象性关系，正是在处理人与自然的全面关系中，作为自然空间的土地、河流这种"物"才对人存在，即土地、河流、自然空间这种庞大之物才成为人的使用价值，才成为人活动的社会对象。只有自然空间作为一个对象向人展开的时候，才能形成土地所有制。因此自然空间作为对象向人展开，它就已经是人类生存的社会空间了。

人类所用之物，分为自然之物和劳动之物。劳动之物是社会文明之物，它们是社会空间的构建者。社会空间则以单位使用价值所耗费的社会必要劳动时间来衡量。特别是在资本主义社会，劳动者从自己生活于其中的自然空间中分离出来，到城市中寻找自己可能活动于其中的社会空间，即资本。劳动者既可以找到工作也可以找不到工作，因为存在于劳动者身上的劳动时间和存在于资本中的活动空间本来就是分离的，这种分离是人类史上最大的分裂，即社会时间与社会空间发生了分离。我们通过"批判海德格尔时空观"的章节，来说明资本主义社会的异化时空，即时空分离所导致的社会问题。

物与人发生的物质关系，我们称之为物的使用价值，物可大可小，从大的方面讲就是人生活于其中的自然空间，首先是土地，马克思认为，土地是人类最早的试验场，价值的第一个形式是使用价值，即处理人与自然之间的关系，即族群通过整体的劳动同自然界之间的关系，形成了最早的人类空间。人在土地上自由游走，寻找自然物的使用价值，以便与自然发生更全面的关系，寻找更多的内容自由，拓展人类发展空间，每一种新的使用价值的发现和生产都是人类生存空间和发展空间的拓展。在原始社会人还没有固定在某个自然属性中，从事某种固定的分工，真正的分工只是在发生了城乡分离之后，在发生了固定的分工之后，才限制了人在活动内容上的自由，而分工导致的所有制又导致了人们在社会形式方面的自由。城乡分工是一种空间分离，分别代表了自然生产工具的整体和文明生产工具的整体，乡村空间是自然生产工具的整体，城市空间是文明生产工具的整体。马克思研究了城乡之间三种不同的原生形态的空间关系。我在"马克思的分工与历史辩证法"等章节中探讨了此问题。

后来，我试图从方法论和整体上把握马克思的社会时空观问题，开始从时空维度来研究马克思辩证法与黑格尔辩证法的差异。在比较中发现，黑格尔的社会空间是民族性的，马克思的社会空间是世界性的，黑格尔是民族主义者，而马克思则是世界主义者，因为黑格尔的唯心辩证法从根本上是封闭的，而马克思的唯物辩证法则是开放的。从时间维度看，黑格尔的辩证法是密涅瓦的猫头鹰的回忆，马克思的辩证法则是高卢雄鸡的预言。这些方面的探讨集中在"黑格尔辩证法中的唯心时空观"与"马克思对黑格尔辩证法的超越"等章节中。

本书的最大特点就是把"占有与所有的关系"与社会时空联系起来研究，因为"所有制"关系到社会的整体，正如没有私人语言一样，也就没有孤独的所有制，而社会时空是研究所有制的整体性的首选路径。马克思的理论可以说是一种人的解放理论，但是人的解放不仅仅是主体的解放，而且也是作为客体的"物"的解放，而物的解放绝不是局部之物的解放，而是社会整体之物的解放，即人类社会时空的整体性解放。

张文涛
2018年6月15日

目 录

第一章　从占有与所有的关系谈人类本质的历史实现 …… 1
第一节　"占有"的内涵在批判中彰显 ………………… 2
第二节　原生生产方式与人的本质的肯定 ……………… 8
第三节　私有财产从原生形式到资本主义的普遍否定 …… 14
第四节　个人所有制与人的自由本质的实现 …………… 18
　　一、从交往形式来看资本的自我否定 ………………… 21
　　二、从使用价值来看资本主义的自我否定 …………… 23

第二章　"社会存在"的原生时空 ………………………… 27
第一节　原生生产方式与历史辩证法 …………………… 28
　　一、原生生产方式发展的双重逻辑 …………………… 29
　　二、原生形态的异化与复归 …………………………… 33
　　三、原生产形态与国家文明的差异 …………………… 35
第二节　价值之"在"的原生时空 ……………………… 40

一、价值与"社会存在"的内容与形式 …………… 41
　　二、《资本论》中关于"价值实体"阐明 ………… 44
　　三、价值存在的时空之维 ……………………… 45
第三节　共产主义的原生时空 …………………… 48
　　一、海德格尔跟马克思的一种交流 ……………… 49
　　二、共产主义的描述 …………………………… 51
　　三、共产主义的原生空间的一般阐明 …………… 54
　　四、原生的生存空间与文化空间 ………………… 56

第三章　原生时空的解体与资本的异化时空：生存论时空观的批判 …………………………………………………… 61

第一节　对生存论时空观的唯物主义审视 …………… 62
　　一、关于"此在"之"自在"与"共在"的二元分裂 …………………………………………… 63
　　二、关于生存论的一种唯物主义还原 …………… 67
　　三、生存时空的辩证法 ………………………… 70
第二节　生存论历史观的内涵与价值 ………………… 75
　　一、历史与世界的关系 ………………………… 75
　　二、生存空间与生活世界 ……………………… 78
　　三、"栖居"的历史意蕴 ………………………… 81
第三节　关于"时空整体性"的唯物主义解析 ………… 86
　　一、命运与历史的主体 ………………………… 87
　　二、生存时空的辩证关系 ……………………… 90

三、关于"时空整体性"唯物主义还原 ……………… 94
　第四节　海德格尔生存论时空观的局限性 ……………… 96
　　一、海德格尔生存论存在论建构的二元论倾向 ……… 97
　　二、关于"在世"分析的唯物主义还原 ………………… 100
　　三、作为社会关系和社会存在的语言 …………………… 102

第四章　社会时空的内容与形式 …………………………… 107
　第一节　作为生存空间的使用价值 ………………………… 107
　　一、作为使用价值的生存空间 …………………………… 108
　　二、自然界的使用价值的生存论内涵 …………………… 111
　　三、使用价值的抽象 ……………………………………… 114
　　四、物的解放与意义解放的差异 ………………………… 116
　第二节　作为"社会存在"的商品 ………………………… 118
　　一、作为"商品"的世界历史事物 ……………………… 119
　　二、价值实体与世界 ……………………………………… 121
　　三、价值的空间之维 ……………………………………… 124
　第三节　价值的社会空间形式 ……………………………… 127
　　一、价值实体的时间维度 ………………………………… 129
　　二、社会必要劳动时间的确定 …………………………… 132
　　三、价值实体的社会形式 ………………………………… 136

第五章　资本主义异化时空的自我否定及其当下表现 …… 140
　第一节　从资本的自我否定看价值存在的未来形式（物的

解放） …………………………………………………… 143
　　一、从交换价值来看资本的自我否定 ………………… 144
　　二、从使用价值来看资本主义的自我否定 …………… 147
　　三、价值存在的未来形式 ……………………………… 152
第二节 从"去工业化"与"再工业化"的辩证运动谈工业的
　　全球化 ……………………………………………… 156
　　一、工业化的辩证之思 ………………………………… 156
　　二、资本的自我否定与"去工业化" …………………… 158
　　三、从"去工业化"到"再工业化"的历史演进 …… 162
第三节 全球化的三种模式与新型全球化 ………………… 165
　　一、积累的时空模式 …………………………………… 166
　　二、积累模式的转变 …………………………………… 167
　　三、美国全球化模式的自我否定与全球化的新
　　　　趋势 ………………………………………………… 169
　　四、作为货币共同体的美元与国际社会的层级
　　　　分工 ………………………………………………… 173
　　五、东方社会的全球化 ………………………………… 177
　　六、"一带一路"与新型全球化 ………………………… 180

第六章　历史辩证法与社会时空观 ……………………… 185
　第一节　马克思的分工理论与历史辩证法 ……………… 186
　　一、分工的内容与形式（自然生存空间与文明生存
　　　　空间） ……………………………………………… 187

二、共同体的异化与复归 ………………………………… 191
　　三、作为阶级的分工及其层级性 ………………………… 193
第二节　《资本论》中的历史辩证法 …………………………… 197
　　一、所有制与人的对象性本质 …………………………… 198
　　二、肯定的私有财产 ……………………………………… 200
　　三、否定的私有财产 ……………………………………… 202
　　四、个人所有制与人的自由本质的实现 ………………… 204
第三节　黑格尔辩证法中的唯心时空观 ………………………… 206
　　一、抽象时空的具体化 …………………………………… 208
　　二、"确定性"与思维之"观" ………………………… 213
　　三、共相是思维时空中的第一种"存在" …………… 216
　　四、思维时空在"对立"中"反观"自身，明确自身
　　　　之"在" …………………………………………… 218
　　五、唯心辩证法的内在原则 ……………………………… 220
第四节　马克思对黑格尔辩证法的超越 ………………………… 221
　　一、历史的起点与终点 …………………………………… 222
　　二、历史与辩证法的关系 ………………………………… 224
　　三、马克思辩证法对黑格尔的批判与超越 ……………… 227

主要参考文献 ……………………………………………………… 230

第一章　从占有与所有的关系谈人类本质的历史实现

马克思在黑格尔法哲学批判中就开始了对占有与所有关系进行探讨，随后又在《1844年经济学哲学手稿》中联系人的本质的异化再次谈到了这个问题。一直到《资本论》及其手稿为止，他对这一问题进行了更进一步的探讨，得出了更为系统的结论。他认为，在原始共产主义中只有公有财产，没有个人财产，存在的只是个人的占有；而在未来的共产主义时代，则只能是在共同占有下的个人所有制。我们看到，从原始共产主义中的共同所有和个人占有，到发达的共产主义下的共同占有和个人所有，是一种历史关系的颠倒。而这个颠倒的过程就是人类本质历史的生成过程，对于这个生成过程的认识需要从马克思所说的血缘共同体、货币共同体到自由人联合体的正、反、合的历史辩证运动中去理解。

马克思在《黑格尔法哲学批判》中就直接说："占有，是一个事实,是无可解释的事实。"① 这是一个不可定义的直接现实性。因此,"占有"的内涵只能从社会以及历史的运动中去把握。后来,马克思从对人的本质的理解中,对"占有"进行了更为整体的把握。他批评了黑格尔仅仅将人的异化精神的扬弃作为对人的本质的占有。但是肯定了黑格尔将人的本质看作是一个自我产生、自我否定,然后加以占有的历史过程。他同样批评了国民经济学从私有财产的角度所理解的人的本质的片面性、孤立性,但是肯定了他们将人的本质理解为人的物质的对象性活动。因此他主张通过共产主义的感性实践,扬弃作为私有财产的人的本质的片面性,实现对人的本质的全面占有。

第一节 "占有"的内涵在批判中彰显

马克思并没有直接界定"占有"的内涵,他只是在批判中彰显了"占有"这个范畴的内涵。在论述马克思的批判之前,我们将"占有"这个范畴理解为人的感性的、社会的、本质的异化与扬弃的历史过程。因为马克思并不是从私有财产意义上来谈作为"独占"的占有,而是将"占有"理解为对这种私有财产意义上的独占的历史扬弃,从而在共产主义生产方式中,实现对人的社会本质的全面占有。或者我们从存在主义的角度来说,人的存在先于本质。因此,人必须首先创造出自己的本质,才能占有它。

---

① 《马克思恩格斯全集》第30卷,人民出版社2002年版,第51页。

但是人在创造出自己的本质的时候，同时也失去了自己的本质，也就是所谓的"异化"，因此人需要重新占有自己的本质。

马克思在批判黑格尔辩证法时说："对于人的已成为对象而且是异己对象的本质力量的占有，首先不过是那种在意识中、在纯粹思维中即在抽象中发生的占有，是对这些作为思想和思想运动的对象的占有"[1]，"这样只有精神的人才是人的真正本质"[2]，"重新占有……不仅具有扬弃异化的意义，而且具有扬弃对象性的意义，这就是说，人被看成对象性的、唯灵论的存在物"[3]。

在此，我们看到马克思站在费尔巴哈和经济学的角度上来批判黑格尔，他区分了黑格尔哲学中的两个范畴：一个是"对象"，一个是"异化"。他认为黑格尔将异化的本质收归己有，扬弃这些异化的同时，也扬弃了它们作为感性存在的对象。因为黑格尔的对象不是费尔巴哈所说的"感性对象"，而是精神对象，也就是知识。此外，马克思跟黑格尔不同，他认为"非对象性的存在是非存在"。黑格尔的主体是精神、意识，而黑格尔的客体只是对象化的精神和意识，也就是知识。因此，黑格尔在扬弃异化的时候也同时扬弃了对象的现实存在。

但是马克思认为，黑格尔为我们提供了积极的一面。他说：

> 这是在异化的范围内表现出来的关于通过扬弃对象性本质的异化来占有对象性本质的见解，这是异化的见解……他

---

[1] 《马克思恩格斯全集》第42卷，人民出版社1979年版，第161页。
[2] 《马克思恩格斯全集》第42卷，人民出版社1979年版，第162页。
[3] 《马克思恩格斯全集》第42卷，人民出版社1979年版，第164页。

主张人的现实的对象化，主张人通过消灭对象世界的异化的规定、通过在对象世界的异化存在中扬弃对象世界而现实地占有自己的对象性本质。①

正是从黑格尔的积极方面入手，马克思对政治经济学的范畴进行了批判。在他看来，重农学派只看到了财富的主体性本质，而重商主义和货币主义则只看到了财富的对象性本质。前者是经济学中的路德教，后者是经济学中的天主教。因此，马克思指出：

> 人怎么使他的劳动外化、异化？这种异化又怎么以人类发展的本质为根据？我们把私有财产的起源问题转变为异化劳动同人类的发展的关系问题，也就为解决这一任务得到了许多东西。因为当人们谈到私有财产时，认为他们谈的是人之外的东西。而当人们谈到劳动时，则认为直接谈到人本身。②

马克思承认感性世界、经验世界的异化，即市民社会本身的异化，也就是私有财产的异化。在私有财产的异化中，人的本质成为外化的私有财产，私有财产支配着人。然后，他把这种异化的扬弃理解为共产主义，就是"通过人并且为了人而对人的本质

---

① 《马克思恩格斯全集》第42卷，人民出版社1979年版，第174页。
② 《马克思恩格斯全集》第42卷，人民出版社1979年版，第102页。

的真正占有"①，也就是人通过自己的感觉器官和社会器官对人的本质的一种全面的占有。

以上论述表明：马克思否定了黑格尔对人作为精神财富、精神本质的"占有"，但是肯定了黑格尔对人的本质的占有的全面性。同时马克思肯定了经济学中对人作为物质、感性本质上的"占有"，但否定了将作为私有财产的"劳动"看作人的本质的片面性。劳动能力是工人唯一的私有财产，因为工人失去了劳动对象，作为工人唯一财产的劳动也会被他人占有。作为对这种异化的否定，马克思提出了共产主义对人的本质的全面占有，这种占有既是感性的占有，又是精神的占有，既是个人的占有，也是社会的占有。

因此，他批判地吸收了经济学和黑格尔思想中对"占有"的理解。在《1844年经济学哲学手稿》中，马克思的批判是双重的。一方面通过政治经济学和费尔巴哈来批判黑格尔，从而使得黑格尔精神的主体—客体转变为物质的、感性的主体—客体。同时也产生了"感性的人"通过"感性的活动"来占有"感性的自然界"的唯物主义逻辑，从而否定了黑格尔思想中精神主体通过精神劳动来占有精神对象的逻辑。另一方面又通过黑格尔辩证法的历史性批判了政治经济学具有的资本主义眼界，从而将历史和辩证法引入了政治经济学的研究，也就否定了私有财产中"占有"所具有的粗鄙的唯物主义内涵。

在《1844年经济学哲学手稿》中，马克思说：

---

① 《马克思恩格斯全集》第42卷，人民出版社1979年版，第120页。

> 国民经济学由于不考察工人同产品的直接关系而掩盖劳动本质的异化。
>
> 劳动同他的产品的直接关系,是工人对他的生产的对象的关系。
>
> 有产者对生产对象和生产本身的关系,不过是这前一种关系的结果和证实。在劳动对象的异化中不过总结了劳动活动本身的异化、外化。①

以上材料表明,进行"占有"的感性、物质主体是"工人",因为工人是整个生产劳动的直接当事人。但是从特定的历史条件下的现实的人的角度来看,工人"占有"自然的活动是"异化劳动"。因为他们的劳动过程、劳动资料、劳动对象、劳动的结果都不归工人占有,而是归另一个社会主体所有。因此,这个主体又是社会关系决定下的他人,不是工人占有了自己的对象,而是私有财产,也就是资本占有了工人。资本既占有了工人的劳动,又占有了工人的劳动资料、对象和产品,因此整个感性的自然界也处于与人的本质力量相对立的过程中。

在此,马克思将人类的生产过程分为两个方面,一方面是感性的、物质过程,另一方面是社会的历史过程。从物质的、感性的过程看,是自然向人的生成过程。马克思说:

> 劳动过程首先要撇开每一种特定的社会形式来加以考

---

① 《马克思恩格斯全集》第42卷,人民出版社1979年版,第93页。

察。劳动首先是人和自然之间的过程,是人以自身的活动来中介、调整和控制人和自然之间的物质变换的过程。①

在此,占有的主体是劳动者,也可以理解为自然的人、感性的人。此外,从特殊的社会形式或生产关系的角度来看,则是一个社会历史过程。在社会过程中,人类以社会的方式来占有自然。"一切生产都是个人在一定社会形式中并借这种社会形式而进行的对自然的占有。"② 但是,以劳动方式占有自然界的人,作为劳动者往往是奴隶、农奴、工人这些参加直接生产过程的人。而以社会形式占有自然的人则往往是生产资料的所有者,是贵族、奴隶主、封建主、资产阶级。而工人不过是以前从事物质劳动的直接生产者的普遍抽象,资本则是生产资料占有者通过社会形式占有劳动产品的抽象(马克思从后思索的方法论)。因此,占有也有两种意义,一种是自然意义的占有,是生产一般意义上的占有;一种是社会历史意义的占有,是一种特殊的交往中的占有。从整体上看,占有活动的主体虽然是人类本身,但是从物质过程看是劳动者,从社会过程看则是非劳动者。在历史过程中,人不是作为一个类来占有自然,而是作为阶级及其对立来占有自然。因此,就产生了颠倒的过程。在资本主义社会,工人的劳动的生产力颠倒为资本的、生产资料的生产力。

---

① 马克思:《资本论》第1卷,人民出版社2004年版,第208页。
② 《马克思恩格斯全集》第46卷(上),人民出版社1979年版,第24页。

第二节　原生生产方式与人的本质的肯定

如上所述，我们把占有的主体分为感性的主体和社会历史的主体。在资本主义生产方式中这两个主体是分离的，这是因为工人与自然界和生产资料的分离。在历史发展初期的原生生产方式中，占有的感性主体与占有的社会主体是同一主体，也就是说，有生命的个人通过自己的感性活动来占有自然界，是在他们共同占有生产条件的前提下进行的。因此，他们作为一个感性的人和社会的人是同一的。无论是在亚细亚生产方式，还是在古典古代以及日耳曼生产方式中，都一样。从人们是生产资料的所有者的角度来看，他们总是在一定的历史前提下来发展自身的本质，因此所有制的发展是人的本质的发展的历史形式，同时也是人类的自由交往的历史形式。比如马克思在《德意志意识形态》中讲到生产力与交往形式的关系就是交往形式与自主活动的关系。在此，马克思把人类作为整体来看，将自由理解为一种历史产生的过程，一种和生产的自然历史条件联系在一起的自由，而不是一种抽象的自由。

这种自由或者说自主活动方式主要表现为一种人类原生的生产方式。在《1857—1858年经济学手稿》中，马克思首先将所有制理解为人对自己的生产条件的占有为前提。"个人把劳动的客观条件简单地看作是自己的东西，看作是使自己的主体性得到自我实现的无机自然。"① 作为主体的感性的人和作为客体的感性的自然界，是人类历史的前提，而不是结果，两者都是自然界的产物，两者都是自然界。在最初的时候，这种占有不是发生在人的思想的抽象中，而是在对自然界的实际劳动中占有自然界。这种原生的生产方式有三种，分别是：亚细亚生产方式、古典古代的生产方式和日耳曼生产方式。奴隶制、农奴制只不过是这些原生生产方式的派生的、次生的异化形态。

在亚细亚生产方式中，共同体表现为所有者，"不存在个人所有，只有个人占有；公社是真正的实际所有者"②。占有的社会主体并不是作为个体的人，而是共同体本身。共同体本身是整个占有的社会主体，因为他是所有者，因为共同体是整个生产活动的控制者和主导者，个体只是作为共同体的肢体而存在。在此作为个人的自由并不存在，存在的只是作为共同体本身的自由。例如，黑格尔在《历史哲学》中认为，在亚细亚生产方式中只知道一个人的自由，这个人就是君主，因为君主作为整个共同体的代表而存在。共同体中的个人只是作为君主的奴隶而存在，是没有"自由"的，如中国古代没有"私法"而有着完备的"公法"。

在古典古代的生产方式中，共同体仍然是他们的前提，这种共同体已多多少少被历史所改变，因为这种共同体是几个部落通过战争联盟而组成的，他们居住在城市中，农村表现为他们的领土。这时候已经产生了土地的私有财产，但是，这种私有财产以

---

① 《马克思恩格斯全集》第46卷（上），人民出版社1979年版，第476页。
② 《马克思恩格斯全集》第46卷（上），人民出版社1979年版，第451页。

共有土地财产为中介，也就是说，作为土地的私有者有着个体的自由，但是，这种自由是以共同体的公有财产的自由为中介的自由，这表现为公民的自由，如亚里士多德把人界定为政治动物，就是因为，他们作为私有财产的自由是以国家财产为中介。在这种所有制中只是一部分人的自由。

在日耳曼所有制中，"劳动的个人，即自给自足的公社成员，对他们劳动的自然条件的所有制形式，是日耳曼的所有制"①。在这里每一个家庭就是一个独立的经济整体，农民不是这个国家的公民。在这种自主活动的交往形式中，公社并不表现为一种共同体，它既不以公社为中介，也不与公社相对立，公社本身只是存在于这些土地所有者之间的相互关系中，用黑格尔的话说，在日耳曼所有制中，这是所有人的自由。

以上三种所有制形式是历史发展过程中的原初的生产方式，这三种生产方式都是以人是自己生产条件的占有者为前提。"个人把劳动的客观条件简单地看作是自己的东西，看作是使自己的主体性得到自我实现的无机自然。"②

在此，个人自由的发展表现为私有财产从公有财产中解脱出来。在亚细亚生产方式中只有共同体自己是自由的，也就是说没有私有财产。在古典古代所有制中，是私有财产还要以公有财产为中介，是少数人的自由，而且这种自由表现为公民自由，也就是表现在自己的政治存在之中。而在日耳曼所有制中，公有财产

---

① 《马克思恩格斯全集》第46卷（上），人民出版社1979年版，第477页。
② [德]《马克思恩格斯全集》第46卷（上），人民出版社1979年版，第476页。

仅仅表现为私有财产的补充，公有财产要以私有财产为中介。但是，在此日耳曼所有制的所有人的自由只是私有财产的自由，而不是作为人的自由，因为正如马克思在《黑格尔法哲学批判》中所讲到的，罗马人是私有财产的理性主义者，而日耳曼人则是私有财产的宗教神秘主义者，因为，在这种原初生产方式的异化形式中，日耳曼所有制中的私有财产本身就是政治的，长子继承权是作为一种独立自主的私有财产而存在，在此不是人的意志占有了财产，而是私有财产占有了人的意志。

但是，从这些原初的生产方式中产生的私有制，还是以人对自己生产条件的直接占有为前提，也就是说进行占有的感性主体和社会主体还没有分离。而在这些原初的生产方式的异化形式下，感性的人通过感性活动来占有自然界，同社会的人通过社会占有自然界之间就出现了分离和分裂。这种分离和分裂在雅典、罗马等古典生产方式下作为奴隶制度而存在；在日耳曼生产方式下是作为农奴制而存在。马克思说："农业公社既然是原生的社会形态的最后阶段，所以它同时也是向次生的形态过渡的阶段，即以公有制为基础的社会向以私有制为基础的社会的过渡。不言而喻，次生的形态包括建立在奴隶制上和农奴制上的一系列社会。"① "因而，财产就不再是亲身劳动的个人对劳动的客观条件的关系了。奴隶制、农奴制等等总是派生的形式，而绝不是原始的形式。"②

---

① [德]《马克思恩格斯全集》第19卷，人民出版社1979年版，第450页。
② [德]《马克思恩格斯全集》第46卷（上），人民出版社1979年版，第489页。

在此，私有财产分为两种，一种是原生形态的私有财产；一种是派生的、次生的异化形态。前者是古典古代和日耳曼的私有财产，后者则是奴隶制的私有财产和农奴制的私有财产。马克思认为，在这些次生形态的生产方式中，"自主活动和物质活动是分开的，这是因为不同人的命运，同时物质生活的生产……还被认为是自主活动的次要形式"①。

马克思谈论原生形态的生产方式有两个不同的维度。第一个维度是这种交往形式是否是生产出来的；第二个维度是人们是否是自己生产资料的占有者，也就是说是否产生了剥削、产生了国家等。如果单从第一个维度来看，只有亚细亚生产方式属于最原始的生产方式，没有被历史所改变。希腊罗马的古典生产方式则是在战争中形成的一种交往方式，而日耳曼生产方式则跟畜牧业有关。因此，我们看到马克思在探讨原生形态的生产方式是从文明的发源处着手，而文明的发源又跟这个社会是否产生出精神劳动与物质劳动的分工相联系，而精神劳动和物质劳动的分工则是建立在"次生形态的生产方式"上，产生在原生生产方式的异化形式中，因为只有在这个形态中才能产生出剩余价值的剥削问题，才能产生出非劳动阶级，才能产生出国家。

马克思认为亚细亚生产方式最为原初，但又认为亚细亚生产方式又是"早熟"的。所谓"早熟"就是在不该产生异化的时候却产生了异化，亚细亚的这种过早的异化跟需要一个中央政府来

---

① ［苏联］大卫·鲍里索维奇·梁赞诺夫：《德意志意识形态·费尔巴哈》，夏凡译，南京大学出版社2008年版，第75页。

处理一些公共事务有关，特别是在大河流域治理水患是其早熟的重要原因，同时也是这些共同征服自然的联合使这种共同体获得了扩大的生产力，从而生产了更多的剩余劳动产品，而这些剩余劳动产品则为阶级分化提供了可能条件，从而使得文明早熟成为可能。在这种生产方式中，一个国家的帝王代表着整个共同体，而其他的人都是他的"臣民"，马克思称亚细亚的异化形式中的奴隶制是一种普遍奴隶制，这跟西方的奴隶制度有很大区别。中国古代的一些哲学家总是想到历史的循环论，或者想到恢复周礼、井田制等一些历史观。其实，他们主张这种"复归"并不是一种倒退，反倒是有些革命的。关于中国这种亚细亚生产方式的异化形式的运动发展我们需要专门的文章进行论述，在此就不再赘述。

而古希腊则是正常的发展，也就是说他们在应该产生异化和文明的时候，适时地产生了自己的文明。古典生产方式的建立，并不是依靠人的联合、团结获得扩大的生产力，而是更多依靠生产工具的发展，特别是手工业城市的发展、城乡分工来实现的。马克思特别关注城乡分工的问题，在他看来，城乡对立是形成国家和文明的重要条件。因为古希腊罗马就是通过这种有着城墙防御的城市而建立的联盟，并从这个联盟中产生了国家。这种联盟的形式决定了他们的所有制的形式，而这种所有制并不是从亚细亚生产方式中因为生产力的发展而自发地产生的，故而马克思也将他们界定为原初的生产方式之一。而在日耳曼生产方式中，他们通过比较古老的交往形式与比较先进的生产力的结合又产生了

"晚熟"的原初生产方式。正是从这种晚熟的生产方式中产生了肯定意义的私有财产，也就是人是自己生产资料的占有者。马克思将这种肯定意义的私有财产作为他写作《资本论》的起点。

如果我们把原生的生产方式理解为人的肯定的存在，在这种状态中存在的还只是人的自然分工，只有到了精神生产与物质生产发生分工的时候，人类才产生了文明，这个过程就是共同体向国家过渡的过程，我们把这个过程称之为人的否定。在这个否定的过程中，这个虚幻的共同体还与原来的共同体是相容的，但是动产这种原始的资本已经开始发展起来，表现为城市中的手工业和商业，直到最后作为动产的发达形态，货币的第三种规定出现的时候，它就对共同体起到瓦解的作用，在货币的第三种规定中，货币就是现代意义上的资本。但是这种资本只有到了生产力发展的一定阶段，才能建立与之相适应的生产方式。同时，这第三种意义上的货币作为下一个历史阶段的起点而起作用。

第三节 私有财产从原生形式到资本主义的普遍否定

马克思在资本的原始积累中讲到了一个三段论式发展过程。他说资本主义所有制是对以自己劳动为基础的私有制的否定。

但资本主义生产由于自然过程的必然性，造成了对自身的否定。这种否定不是重新建立私有制……在协作和对土地及靠劳动本身生产的生产资料的共同占有的基础上，重新建立个人所有制。①

马克思在此表述中，为什么认为资本主义生产方式是对以自己劳动为基础的私有的否定，而不是对农奴制的否定呢？他说：

> 资本的历史起源，究竟是指什么呢？既然它不是奴隶和农奴直接转化为雇佣工人，因而不是单纯的形式变换，那么它就只是意味着直接生产者的被剥夺，即以自己劳动为基础的私有制的解体。②

马克思为什么说资本主义生产不是对农奴制的扬弃，而是对以劳动为基础的私有的扬弃呢？我们只能从上面讲到的"原生的生产方式"来理解，也就是人是自己劳动条件的占有者这点来理解。而奴隶制、农奴制不过是原生生产方式的异化形式而已，因此，资本主义生产方式是建立在对原生生产方式的否定上的，而不是建立在对异化形式的奴隶制、农奴制的否定上的。

那么资本主义私有制与这种作为起点的私有制的区别是什么呢？从表象上看就是不可让渡的私有财产和可以让渡的私有财产。但是从本质上看，生产条件归自己所有的非异化的私有财产即不可以让渡的私有财产，虽然与人的个性是同一的、内在的，

---

① 马克思：《资本论》第1卷，人民出版社2004年版，第874页。
② 马克思：《资本论》第1卷，人民出版社2004年版，第874页。

但是，本质是狭隘的、特殊的、封闭的；而可以让渡的私有财产则成为一种满足自己的需要之外的、普遍的私有财产，可以说资本主义的私有财产是异化形式的私有财产的完成。

在《詹姆斯·穆勒〈政治经济学原理〉一书摘要》中，马克思从人是自己财产的所有者的角度来讲私有财产就是人的本质的存在方式，他说："一个人是私有者……他通过这种特殊的占有证实自己的人格……私有财产是他个人的有其特点的、从而也是他本质的存在。"[①] 我们可以看到，在非异化的私有财产中，作为私有者的人，有自己的需要，这是他的本质需要，他通过自己的感性劳动来占有、改变感性的自然，从而使自然界成为自己的生活资料，成为自己的需要的对象性存在。他的劳动也没有失去自己的感性的劳动对象和劳动资料，因此，他就在自己的感性活动中证实自己，这种感性活动既包括他的生产活动，也包括他的消费活动。其实，以自己劳动为基础的私有财产最明显的表现就是一种自给自足的自然经济形态。

在作为人的本质的私有财产中，人的这种本质是狭隘的、不可让渡的。这种不可让渡就保证了自己本质的实现，同时也阻碍了自己的发展。与作为人的狭隘的、非异化的私有财产相反，商品这种私有财产虽然是为了满足他人的本质需要，但是这种财产是普遍的、人类的财产。在前一种私有制中，人的内在的特殊本质起支配作用，在后一种私有财产中，人的外在的普遍本质支配着人的内在的特殊本质。

---

① 《马克思恩格斯全集》，人民出版社1979年版，第25页。

作为商品的私有财产，在人类早期就已经存在，就人类早期作为共同体的成员来讲，这个共同体本身就是作为一种自给自足的生产体系，他的类本质，作为他的全部社会关系而存在。商品交换出现在共同体的边缘上，而且是用共同体的剩余产品进行交换，因此商品一开始就作为走出共同体的狭隘本质的财产而存在。也就是说，这些产品在满足共同体成员的需要之后，再用来满足其他共同体的需要。在前资本主义时代，产品是人类本质需要的对象化，采用商品的形式只是一种从属形式，这种外化的私有财产占据统治地位是资本主义的事情。

在这个时候，工人失去了自己的自然界。他说：

> 工人越是通过自己的劳动占有外部世界、感性自然界，他就越是在两个方面失去自己的生活资料：第一，感性的外部世界越来越不成为属于他的劳动对象，不成为他劳动的生活资料；第二，这个外部世界越来越不给他提供直接意义的生活资料。[①]

因为，这时候，工人的私有财产只有自己的劳动力，而劳动的生活条件，也就是劳动资料和劳动对象，也就是劳动条件却被资本家占有。

因此，在资本主义社会中，工人的私有财产只有劳动，而自然界作为劳动对象和劳动资料归资本家所有。也就是劳动条件和

---

① 《马克思恩格斯全集》第42卷，人民出版社1979年版，第79页。

劳动本身相分离。因此，就私有财产是人的自由和本质来讲，也就是从非异化形式来看，资本主义私有制就成了外化的、异化的私有财产。人的生产条件不再被人自身所占有，而是生产条件占有了人的本质活动即劳动，这是主客体的颠倒。

但是，资本主义所有制有一个优点，那就是将人从那种狭隘的本质中解放出来。也就是说，就生产条件作为人的对象性本质来讲，作为人的主体性本质的自由活动或者劳动的发展受到有局限性的生产条件的制约，如在农村中受到土地这种生产工具的制约的农民，和城市中受到有限的、等级的生产工具束缚的小手工业者的市民。"它只同生产和社会的狭隘的自然产生的界限相容"，而资本主义的私有制扬弃了对于自己生产条件的狭隘关系，用马克思自己的话讲就是"个人的分散的生产资料转化为社会的集聚的生产资料"①，这种集聚的生产资料只能被作为人口大多数的工人集体的劳动所占有，但是，这些生产资料归少数资本家所有。因此，在资本主义社会，工人通过集体劳动来能动地占有生产资料方式与这些生产资料归少数人所有之间的矛盾越来越尖锐，这就是资本的规模化效应。

第四节　个人所有制与人的自由本质的实现

我们知道，资本主义所有制只有资本的自由，而没有劳动的

---

① 马克思：《资本论》第1卷，人民出版社2004年版，第873页。

自由，也就是说没有工人劳动的自由，劳动的自由只有消极意义的被出卖或者被交换的自由，从而使工人的劳动成为生产条件存在于资本之中，也就是说劳动本身并不是目的，而是成了"生产条件"（使用价值）。马克思认为，财产讲的就是人与生产条件的关系。工人的劳动成了资本的生产条件，所以资本成为整个社会生产的主体，而劳动则成了一种客体，不是劳动在使用生产工具，而是生产工具使用了劳动。

在工场手工业中，劳动从属于作为生产主体的资本还只是形式上的从属，也就是说只是从生产关系上来看是这样。从生产力的角度来看，从劳动的物质过程来看，作为资本的生产工具还是被具有一定的技术特性的劳动所使用。但是在机器大工业中，从作为生产力的物质劳动过程来看，则是作为资本的机器在使用劳动了，劳动表现为一种简单的、抽象的、无个性的简单劳动。因此，作为人的主体性本质的劳动就表现为一种简单的、抽象的劳动。

那么人如何使自己的作为劳动的主体性本质丰富起来呢？那就是要建立"个人所有制"。马克思说，在否定资本主义所有制的前提下建立的个人所有制并不是重新建立私有制。那么"个人所有制"的内涵到底是什么呢？

就以自己劳动为基础的私有制是人的本质来讲，这种私有财产的狭隘性就是人的本质的狭隘性，因为他们是在有局限性的生产工具中实现的人的本质，那么个人所有制只能是建立在对普遍生产力的共同占有的基础上。

马克思在《德意志意识形态》中的论述可做说明。他说:

"这种占有首先受所要占有的对象的制约,即受发展成为一定总和并且只有在普遍交往的范围里才存在的生产力的制约。"其次,"这种占有受进行占有的人的制约。"最后,"占有还受实现占有所必须采用的方式的制约。占有只有通过联合才能实现……这种联合又只能是普遍性的。"①

我们看到,马克思的说明还是比较抽象的。共产主义生产力的表现形态是什么,普遍交往的表现形态是什么?我们以马克思所在的工业化时代为例,以分工作为生产力的表现形式,以交换或者作为外化的私有财产的交换价值作为交往的普遍形式来进行理解(分工发展的不同阶段就是所有制发展的不同阶段,一个从生产的过程来讲,一个从生产的结果来讲)。在当时的条件下,对于生产力的占有只能采用工厂分工的生产方式,而要消除分工生产的商品的片面性只有通过货币这种普遍的作为人的异化本质的私有财产来实现。我们要消灭资本主义的异化的普遍交往方式,就必须建立自由人之间的普遍的交往方式,也就是说,必须要消灭作为人的普遍性外化本质的交换价值。而如何消灭分工,在当时的生产方式下也没有现实的经验形式可利用,以至于马克思只能说共产主义只有全世界一起发生在经验上才是可能的。

---

① [苏联] 大卫·鲍里索维奇·梁赞诺夫:《德意志意识形态·费尔巴哈》,夏凡译,南京大学出版社2008年版,第93页。

后来马克思在《资本论》第一卷从价值内容的角度论述了共产主义的自由人联合体的生产方式。在此我们就不再赘述。

一、从交往形式来看资本的自我否定

我们先从马克思所说的普遍交往的角度来谈这个问题。无论如何，这种普遍的物质交往形式在当时就是世界市场和世界货币的力量。我们不必先去回答人如何从这种世界市场的普遍交往中解放出来，因为历史的发展给了我们真切的答案。按照《资本主义全球化》这本书的观点，在"二战"前与"二战"后世界经济的一体化模式是不同的。"二战"前的世界经济的一体化主要集中在商业领域，也就是主要体现在贸易全球化，因为这时还存在着一些前资本主义的生产方式，而这些前资本主义的生产方式为资本主义的剩余价值的增值提供了必要的交往价值和世界市场（卢森堡的《资本积累论》）。"二战"后很多国家取得了独立，并且采用了优先发展重工业或者生产资料方面的生产力的追赶策略，并且大量地解放了农业劳动力，从而为资本的全球性扩张创造了新的历史条件，特别是20世纪70年代后资本主义国家内部的资本积累已经饱和，剩余价值的实现和积累在当时的世界经济体系内部已经难以维系。这就要求他们将自己的生产体系转移到别的国家，寻求更为廉价的劳动力，这就是资本主义国家所谓的"去工业化"和"后工业时代"。到2008年金融危机为止，资本主义国家已经将本国的工业生产力的很大一部分转移到人口众多的发展中国家。到此为止,基本形成了资本的全球化生产关系。在这个生产关系中处于基础地位的是发展中国家的劳动密集型产业,而处于这个基础的上层的则是发达国家的金融、股票、国债等虚拟经济领域,形成了资本的特殊的层级分工体系和资本的国际循环体制,其中最为明显的例子就是中国制造。

而资本主义将产业转移到劳动力价格低廉的国家的一个主要矛盾就是国际贸易差额的扩大,也就是原先在一个企业使用本国货币或者不用本国货币而进行的规模化生产,被跨国公司把国内产业链转变成了世界产业价值链,无形中加大了国际贸易的总量。这样20世纪70年代以来跨国公司的大量涌现和新自由主义经济成为生产全球化的主要表现形式,导致了所谓的贸易差额,特别是中美之间的贸易差额的扩大表现得最为明显,而2008的金融危机不过是原先国际分工和流通体系矛盾的总爆发。

资本主义只有不断地变革其生产工具,从而不断地变革其生产方式才能生存,这是由资本竞争的内在规律所决定的,而生产工具的不断变革具有不断增加不变资本在资本的有机构成中的比例的趋势,使得利润率不断下降。在本国的劳动力价格一定的情况下,他国的廉价劳动力就成为生产的必要条件。资本主义的工业生产如果可以一直以他国的廉价劳动力来实现资本的国际积累,就必须以世界上有一定数量的贫困人口为前提,但是这必然与生产国人民的普遍愿望相矛盾。于是就产生了国内革命与提高劳动者生活条件之间的矛盾,直到世界上的贫困人口再也不足以为资本的积累提供可剥削的生产条件,一场消灭劳动密集型的产业革命就会来临。这时候，国际分工的格局就会由生产关系领域进入到生产方式领域，从而实现全球生产方式的一体化。此时真正意义的世界工厂才能从地球上建立起来，生产的自觉性和自动化才能达到一定的水平，人的普遍交往才能从全球生产方式的一体化本身中培育出来。如果不消灭发达国家对于先进生产力的垄断权力就不可能实现世界一体化进程。现在一体化进程最为突出的是欧洲一体化，但是，欧洲一体化进程并没有触及生产方式一体化的根本。欧洲一体化仅仅是资源一体化、市场一体化和货币一体化等，这些一体化进程虽然为生产方式一体化提供了条件，但仅仅是生产方式形式上的一体化。现在德国提出的"工业4.0"是生产方式一体化中的向内容方面迈进的一大尝试。这意味着将整个行业甚至整个国家链接为一个工厂的努力，使各行业间的交往和消费需要与生产之间的交往涵盖进生产本身之中。

二、从使用价值来看资本主义的自我否定

如果将德国所谓的"工业4.0"或者"互联网＋"这种生产理念推到极致，我们能够比较直观地理解共同占有下的个人所有制的共产主义生产方式。

首先，从生产的动力来看，在自给自足的生产方式中生产的动力是人的低级需要。在资本主义社会中，人的生产动力则是对剩余价值和利润的追求。而正是在资本主义生产中，发展了人的需要的多样性和层次性。因此在个人所有制的社会中生产的动力

应当是按照个人自己的需要进行生产。个人所有制的生产模式在这种自然经济模式中，人是一种"为我"的生产，在资本主义中则是一种"为他"的生产，在将来的个人所有制中必然也是一种"为我"与"为他"生产的同一。自给自足的需要是单一的、没有普遍性的，产品是自为的，在资本主义生产中，需要具有普遍性和多样性，商品是为他的，而个人所有制中的需要不仅仅是普遍的和多样的，而且产品是为他和为我的同一。在自然经济中，劳动者以自己的特殊的体力劳动为中介来满足自己的特殊需要；在资本主义经济中，劳动者以货币为中介来满足自己多样和普遍的需要；在未来，则是以能够充分收集和处理人的多样化的需要的自动化的机器劳动为人生产产品。

在未来生产方式中，"需要"既是物质生产的尺度，也是分配的尺度。因为，将来作为社会生产的动力就是人的"需要"，那就要以人的需要的发展为前提。在资本主义生产中已经在"培养社会人的一切属性，并且把他作为具有尽可能丰富属性和联系的人，而且具有尽可能广泛需要的人生产出来"①。特别是进入互联网时代以来，对被动性的消费品的需求已经开始让位于对积极参与性的消费品的需求，特别是互联网、电脑、智能手机等，这些消费品同时也是生产资料，它们生产了人与人之间新的交往形式，而且正在将人的消费和生产同一起来，如"创客""个人制造"等生产理念。"互联网+"和"工业4.0"反映了消费和个性化的交往对生产的作用。

---

① 《马克思恩格斯全集》第30卷，人民出版社2002年版，第389页。

其次，我们应该看到消费主义的意识形态对生产起到的负面作用，因为人的生命周期是有限的，这就决定了人的一生中需求的物质界限，而消费主义的意识形态则通过货币的力量来无限夸大这个界限，从而使人的需要层次难以提高。

从消费与生产的同一的角度来看，个人所有制与自给自足的自然经济的生产方式有相似性。但是这种个人所有制的生产方式与自给自足的生产方式不同，个人所有制所使用的生产力是社会的普遍的生产力，是人类共同占有的生产力；自给自足的生产方式使用的生产力是私人占有土地和工具的私人劳动。那么生产力的普遍化或者普遍的生产力是怎样完成的呢？在资本主义下否定生产力的片面性就是消灭分工，是通过市场上的商品交换来实现的，在"工业4.0"中将所有的生产企业进行联网，每个企业的生产中所需要的和所生产的都成为可以明确计算的了，而且在"定制"的情况下，就可以消灭商业，从而消灭货币。当然在最初的时候，"定制"并不占据大多数，但是，随着生产的发展"定制"将成为主导，在"工业4.0"的完成形式中，具有将世界连接成一个工厂的趋势，类似于自然经济中的自给自足的生产方式，这些跟制造业的智能化密切相关。

我们说对社会生产力的共同占有下的个人所有制，就是要将各个"自发分工"的工厂，通过互联网在世界产业链中的信息互通，形成"自觉分工"的工厂。劳动力国际竞争的结束必然带来劳动力价格的提高，资本主义发达国家的去工业化变为再工业化，不断实现以"机器人代人"，最终消灭"劳动"，也就是消灭了分工。人从异化劳动中解放出来,自由劳动成为人的第一需要,世界的"无人工厂"成了为自由劳动提供活动条件的第二自然。这时候人的需要也就去除了"消费主义"等一切虚伪的外表,成了生产和分配的内在尺度。个人所有制无非就是按照个人意志和需要进行社会生产,也就是个人通过社会来满足自己的需要。既不是主要通过体力劳动,也不是通过剥削进行生产和分配,而是通过完成了的"智能工厂"和作为人的普遍交往进行生产和分配。

在原始的共产主义中,只有公有财产,只有个人占有,而在共产主义社会则是在共同占有下的个人所有。因此在原始共产主义中,支配生产的不是个人,也就是说,不是按个人的需要生产,而是按照共同体的需要进行生产,生产的目的表现为生产共同体本身,个人仅仅作为共同体的肢体而存在。在这种所有制中只有共同体的自由,没有作为个人的自由。而在未来的共产主义生产方式中,生产的目的是作为人的个体,或者作为个体的人。按照每个个体的特殊需要的生产,要以人类本身对"自动化生产体系"的共同占有为前提。这种生产力首先作为一种客观的生产力,实现了人的本质的自然化(自然科学变为机器的自然力)。这种客观生产力不仅为人类的生存提供了保证,而且为人的自由活动提供了条件,为人的主观生产力的发展提供了条件。只有在这个时候,人才从物质条件和社会形式上生成为自由自觉的存在,从而占有自己的类本质。

第二章　"社会存在"的原生时空

前面我们研究了占有方式与所有权的历史运动的总过程，这一章我们将介绍不同文明的原生形态的所有制形式。这种所有制形式必然涉及地产所有制。因为在地产所有制之前，人与活动对象之间是一种片面的占有关系，如某个族群只是与同一自然空间中的某个或者某些对象发生关系，而不是把整个自然空间作为自己的活动对象。族群与自然之间关系的产生是一个不断发展的过程，正是人同自然之间的这种关系的全面性，才使得自然空间本身成为人类的对象性关系，也正是在处理人与自然的全面关系中，作为自然空间的土地、河流这种"物"才对人存在，即土地、河流、自然空间这种庞大之物才成为人的使用价值，才成为人活动的社会对象。只有自然空间作为一个对象向人展开的时候，才能形成土地所有制，因此自然空间作为对象向人展开，它就已经是人类的生存空间、社会空间了。土地最早一些的空间结构形式，不仅仅是一般意义上的人与自然的关系问题，还关系到不同的文明样式以及不同的社会文化空间的生成。

第一节 原生生产方式与历史辩证法

马克思认为亚细亚生产方式、古典古代生产方式、日耳曼生产方式三种生产方式为原生生产方式,在这些共同体瓦解过程中,产生的奴隶制、农奴制等被称为次生形态。三种原生形态的生产方式之间的关系并不是并列的,而是私有财产从公有财产中获得解放的过程。同时,这些原生生产方式内部也有一个私有财产瓦解共同体本身的发展过程。对生产方式原生形态的研究,有利于我们更好地理解所有制与辩证法的内在关系。

在马克思的思想中有一个大逻辑和一个小逻辑,大逻辑讲的是人类历史发展的"正、反、合"。在人类历史发展的大逻辑中,以原始共产主义作为正题,以货币共同体作为反题,以未来共产主义的自由人联合体作为合题。此外,马克思还讲到了大逻辑中的几个小逻辑。例如,在原始共产主义中,又分出了亚细亚生产方式、古典古代生产方式、日耳曼生产方式。在这三种生产方式之中也存在一种辩证运动,三种生产方式之间的变化表现的是作为地产的私有财产如何从共有财产中解放出来。不仅如此,在亚细亚、古典古代、日耳曼这些原生生产方式中还有自己的小逻辑,同样也分为动产如何从地产中解放出来,瓦解了共同体。但是,只有在日耳曼生产方式中,这种作为合题的私有制才真正成了资本主义发展的历史起点,其他生产方式的终点都是作为共同体瓦解的形式而存在的。

一、原生生产方式发展的双重逻辑

人类原生形态的生产方式有三种,分别是亚细亚生产方式、古典古代的生产方式和日耳曼生产方式。所谓原生形态的生产方式讲的是人是自己生产资料的占有者,即前剥削状态。从可能性上讲,只有产生了剩余劳动产品,才能为剥削提供前提。但是从现实性讲,人类进入剥削,进入文明的物质条件不同。物质生活生产在前资本主义时代主要是自然生产力的利用,此时不同地理条件下的气候和自然富源起到了决定性作用。马克思所讲的三种原生形态的生产方式正是跟地产的空间分布特点相联系的,亚细亚生产方式的空间特点,是农村与城市无差别的统一;古典古代生产方式的空间特点是,城市的农村化;日耳曼生产方式的空间特点是,农村的城市化。

在亚细亚生产方式中,共同体表现为所有者,"不存在个人所有,只有个人占有;公社是真正的实际所有者"[①]。占有的社会主体并不是作为个体的人,而是共同体本身。共同体本身是整个占有的社会主体,因为共同体是整个生产活动的控制者和主导者,个体只是作为共同体的肢体而存在。

在古典古代的生产方式中,共同体仍然是他们的前提,这种共同体已多多少少被历史所改变,因为这种共同体是几个部落通

[①] 《马克思恩格斯全集》第46卷(上),人民出版社1979年版,第451页。

过战争联盟而组成的，他们居住在城市中，农村表现为他们的领土。这时候已经产生了土地的私有财产，但是，这种私有财产以共有土地财产为中介，也就是说，作为土地的私有者有着个体的自由。但是，这种自由是以共同体的共有财产的自由为中介的自由，这表现为公民的自由。"公社（作为国家），一方面是这些自由的和平等的私有制者的相互关系，是他们对抗外界的联合。"

在日耳曼所有制中，"劳动的个人，即自给自足的公社成员，对他们劳动的自然条件的所有制形式，是日耳曼的所有制"①。在这里每一个家庭就是一个独立的经济整体，农民不是这个国家的公民。在这种自主活动的交往形式中，公社并不表现为一种共同体，它既不以公社为中介，也不与公社相对立，公社本身只是存在于这些土地所有者之间的相互关系中，用黑格尔的话说，在日耳曼所有制中，是所有人的自由。

以上三种所有制形式是历史发展过程中的原生的生产方式，这三种生产方式都是以人是自己生产条件的占有者为前提。"个人把劳动的客观条件简单地看作是自己的东西，看作是使自己的主体性得到自我实现的无机自然。"② 个人自由的发展表现为作为地产的私有财产从公有财产中解脱出来。在亚细亚生产方式中，只有共同体自己是自由的，也就是说没有作为地产的私有财产。在古典古代所有制中，作为地产私有财产还要以公有财产为中介，是少数人的自由，而且这种自由表现为公民自由，也就是表

---

① 《马克思恩格斯全集》第46卷（上），人民出版社1979年版，第477页。
② 《马克思恩格斯全集》第46卷（上），人民出版社1979年版，第476页。

现在自己的政治存在之中。而在日耳曼所有制中，公有财产仅仅表现为私有财产的补充，公有财产要以私有财产为中介。但是，在日耳曼所有制中，所有人的自由只是私有财产的自由和家庭财产的自由，而不是作为人的自由。

从这些原生的生产方式中产生的私有制，还是建立在人对自己生产条件占有的前提下，也就是说进行占有的感性主体和社会主体还没有分离。而在这些原生的生产方式的异化形式下，感性的人通过感性活动来占有自然界，同社会的人通过社会占有自然界之间就出现了分离和分裂。这种分离和分裂在雅典、罗马等古典生产方式下作为奴隶制度而存在，在日耳曼生产方式下作为农奴制而存在。马克思说：

> 农业公社既然是原生的社会形态的最后阶段，所以它同时也是向次生的形态过渡的阶段，即以公有制为基础的社会向以私有制为基础的社会的过渡。不言而喻，次生的形态包括建立在奴隶制上和农奴制上的一系列社会。①
>
> 因而，财产就不再是亲身劳动的个人对劳动的客观条件的关系了。奴隶制、农奴制等等总是派生的形式，而绝不是原始的形式。②

马克思谈论原生形态的生产方式，有两个不同的维度。第一

---

① 《马克思恩格斯全集》第19卷，人民出版社1979年版，第450页。
② 《马克思恩格斯全集》第46卷（上），人民出版社1979年版，第489页。

个维度讲的是这种交往形式是否是生产出来的；第二个维度讲的是人们是否是自己生产资料的占有者，也就是说是否产生了剥削、产生了国家等。如果单从第一个维度来看，只有亚细亚生产方式属于最原始的生产方式，没有被历史所改变。在《摩尔根〈古代社会〉一书摘要》中，马克思说："马来亚式制度的五个范畴或亲属等级，也出现于中国的'九族'制中。"① 与这种亲属制度相对应的是级别婚，是由血缘家庭演化出来的一种亲属制度。马克思认为，血缘家庭是人类第一个有组织的社会形式。希腊罗马的古典生产方式则是在战争中形成的一种交往方式，与之对应的家庭形式是父权制家庭。而日耳曼生产方式则跟畜牧业有关，与之对应的家庭形式是对偶制家庭，这两者的亲属制度是雅利安式。马克思认为，亲属制度类似于法律，因为亲属制度跟人们的财产的占有关系密切联系在一起。在雅利安式的亲属制度之前，亲属制度就是财产制度，特别是在氏族制度中，财产都为本氏族的亲属所继承，而在雅利安式亲属制度中，财产制度开始从亲属制度中解放出来，独立发展。但是马克思还是坚持把这三种生产形态作为原生形态来理解。因此马克思在探讨原生形态的生产方式是从文明的发源处着手，而文明的发源又跟这个社会是否产生出精神劳动与物质劳动的分工相联系。精神劳动和物质劳动的分工则是建立在"次生形态的生产方式"上，产生在原生生产方式的异化形式中，因为只有在这个形态中才能产生出剩余价值的剥削问题，才能产生出非劳动阶级，才能产生出国家，才有了

---

① 《马克思恩格斯全集》第45卷，人民出版社1979年版，第375页。

从野蛮到文明的过渡。

二、原生形态的异化与复归

在《德意志意识形态》中，马克思曾经将人类的发展过程描述为部落所有制、古典古代的国家所有制、封建所有制。这种表述方式被我们简单地理解为原始共产主义的所有制、奴隶制、封建制。从生产方式来看，或者从直接劳动者与生产条件的关系来看，这并没有不对。但是这里我们忽视了生产方式的空间差异。其实，马克思所说的以上三种制度，既是一种纵向的历史进步的关系，同时亚细亚生产方式与西方的生产方式中也存在着一种并列的关系。如果不考虑交往形式，不考虑共同体本身地产的特点，那么我们就没有抓住特殊。正如黑格尔在《历史哲学》中讲到的，中国的历史最发达，但是似乎又没有历史。历史总是有一种复归方式，例如，马克思在探讨历史发展方式的时候，总是从公有制开始，或者说从某种共同体开始（血缘共同体），然后他主要探讨的是人是自己劳动产品的所有者这种非异化的方式。历史在发展中总是有民族间的交往，而民族间的交往又总是使一种原始的共产主义表现为一个新的历史发展的起点。其实，这是在原先的共同体的解体和另一种共同体的战争中表现出来的，是历史发展的某种复归方式。又例如，日耳曼对罗马的胜利，是一个共同体对一个不断异化、不断解体的共同体的胜利，从而表现为某种复归。灭亡时期的罗马已经有更为发达的私有制，而这表现为共同体的衰弱，似乎罗马表现为先进的文明的民族。而且罗马的确是更为文明的民族，但是他们必然会被蛮族所征服，因为他们的共同体随着罗马的私有制的文明的发展而瓦解，日耳曼虽然表现为蛮族，但是他们的共同体则相对罗马来说更为坚强。正如恩格斯所说，正是日耳曼的野蛮和未开化给僵死的罗马注入了新的生命力。在这方面，我们可能更为注重马克思所讲的野蛮民族被文明民族的文化所征服，其实这里也有野蛮民族为文明民族带来的更有活力的交往形式。如果不是封建主的各自为政，就不能让王权与资产阶级在近代携手而行。

奴隶制、农奴制只是一种次生形态，历史的原生形态其实是历史在发展中的复归方式。例如，古典古代已经有了私有制，但还是以某种共同体，以公有制为中介的私有制，而谈到日耳曼的所有制的时候，他说私有制失去了共同体而只是表现为一种联合，在这里人们还是自己劳动产品的所有者，但是正是从这种历史时代的起点开始发展出一些次生形态，这些次生形态是建立在对他人的劳动产品的占有上的，而且是建立在阶级对立分工上的，建立在物质劳动与精神劳动的分工上的，这是一些异化的形式，它们在历史的发展中总是采用一种复归的方式重新恢复某种原始的共产主义，然后再逐渐异化出各种剥削方式。这对我们来说非常关键，这表现为历史发展的层级复归性。也就是说，如果私有制的发展表明历史的发展，而原始的共产主义表现历史的不发展，但是历史在整体的发展中，在各民族的交往中总是从私有制倒退到某种共产主义方式中，这种倒退有一个比较思辨的概念

——复归,但复归并非简单的倒退,而是将以前的结果保留住,例如,古典古代(希腊、罗马)所有制与部落所有制相比较,就表现为某种私有制的发展,但仍然以公有制为中介。日耳曼所有制与古典古代所有制相比较,公有制的共同体已经消失,仅仅表现为共同的联合,在这里原始公有制已经不是联合体而只是联合了,因此,在这种不断的发展和复归中,表现为一种辩证的异化和复归的过程。

三、原生产形态与国家文明的差异

马克思认为亚细亚生产方式最为原生,但又认为亚细亚生产方式又是"早熟"的,所谓"早熟"就是在不该产生异化的时候却产生了异化,亚细亚的这种过早的异化跟需要一个中央政府来处理一些公共事务有关,特别是大河流域治理水患是其早熟的重要原因,同时也是这些共同征服自然的联合使这种共同体获得了扩大的生产力,从而生产了更多的剩余劳动产品。这些剩余劳动产品则为阶级分化提供了条件,从而使得文明早熟成为可能。

在这种生产方式中,一个国家的帝王代表整个共同体,而其他的人都是他的"臣民",马克思称亚细亚的异化形式中的奴隶制是一种普遍奴隶制,它跟西方的奴隶制度有很大区别。中国的一些古代哲学家为什么总是想到历史的循环论,或者想到恢复周礼、井田制等一些"倒退"的历史观?其实,他们主张这种"复归"并不是一种倒退,反倒是有些革命的。中国作为世界上最大、最早的亚细亚生产方式，其异化和复归方式与其他世界历史民族明显不同，它的异化总是表现为分裂，表现为多个比较小的亚细亚生产方式的并存，如中国历史上几个分裂的时代就是这种异化的表现，在近代则表现为军阀割据。而其复归则表现为中华民族的统一，也就是公有制在更高的层次上的实现，表现为"普天之下莫非王土，率土之滨莫非王臣"。而"王"不过是亚细亚共同体的象征。可以说，只有在新中国成立后，中国这种最大、最古老的亚细亚生产方式才获得了其本质。因为，只有在这时公有制才不再披着皇权的外衣出现，而是直接以共同体自身的形式出现，即以国有财产与集体财产的形式出现，这也是资本主义在中国行不通的历史依据，也是我国所讲的中国道路特殊性之所在。

在这方面国内研究者往往忽略了交往形式本身的研究，过于注重生产方式的研究。即便从生产方式的角度来看，秦代之前的奴隶制跟古典奴隶制也截然不同，秦代之后农民也跟中世纪的农奴非常不同。

而古希腊则是正常地发展，也就是说他们在应该产生异化和文明的时候，适时地产生了自己的文明。古典生产方式的建立，更多地依靠人的对立而进行团结和联合，依靠生产工具的发展，特别是手工业城市的发展、城乡分工来实现。马克思特别关注城乡分工的问题，在他看来城乡对立是形成国家和文明的重要条件。因为城市意味着动产从土地的束缚中解放出来。古希腊罗马就是通过这种有着城墙防御的城市而建立的联盟，从这个联盟中产生了国家。这种联盟是不同氏族的联盟，氏族都跟自己的地产相依存。他们在城市中是为了防御敌人，但是这也让他们同地产产生了一种分离。正是在这种分离中产生了动产脱离地产的独立空间，但是地产依然是他们发展的前提。他们的公有土地是他们身份和政治权利的象征，与此相应，他们不同的家庭都有自己城外的私有地产作为自己个性发展的空间。

在日耳曼生产方式中，他们通过比较古老的交往形式与比较先进的生产力的结合又产生了"晚熟"的原生形态，从这种晚熟的生产方式中产生了肯定意义的私有财产，也就是人是自己生产资料的占有者。

奴隶制、农奴制只不过是这些原生生产方式的派生的、次生的异化形态，这些作为次生形态的异化形式正是马克思历史辩证法的第三个层次上的反题。在这些反题中所建立的合题都是某种形式的私有制，但并不是完全意义上的、纯粹的私有制。只有纯粹的私有制才能成为资本主义发展前提的私有制。在亚细亚生产方式中的自耕农并不是自己完全意义的私有者，他们受到共同体的制约，而古典古代的共同体虽然产生了完全意义的私有者，但是完整意义的私有者的建立同时也撕裂了他们的城邦共同体。日耳曼生产方式则不同，它本来就不是共同体，是一种消极意义上的共同体，其实不过是一些分散的私有者的联合。正是他们这种松散的交往形式为现在的私有财产的发展提供了交往前提，为私有财产的城市共和国的建立提供了基础。

如果我们把原生的生产方式理解为人的肯定的存在，在这种状态中存在的还只是人的自然分工，那么只有到了精神生产与物质生产发生分工的时候，人类才产生了文明，这个过程就是共同体向国家过渡的过程，我们把这个过程称之为人的否定。在这个否定的过程中，这个虚幻的共同体与原来的共同体是相容的，但是动产这种原始的资本已经开始发展起来，表现为城市中的手工业和商业，直到最后作为动产的发达形态，货币的第三种规定出现的时候，它就对共同体起到瓦解的作用，在马克思《资本论》所讲的货币的第三种规定中，货币就是现代意义上的资本。但是这种资本只有到了生产力发展的一定阶段上，才能建立与之相适应的生产方式。货币的第三种规定，即货币共同体的存在，而货币共同体的存在以原先共同体的不存在为前提，而不是以原先共同体的瓦解为前提，只有日耳曼生产方式中才不存在共同体，只是一种共同的联合，这就为货币共同体的建立提供了政治和文化前提。这样第三种意义上的货币才能作为下一个历史阶段的起点而起作用。

  本章的意义有三个方面需要注意：首先，我们凸显了所有制与共同体或交往形式的关系的问题。所有制或者私有制在前两种原生形式中，都要受到共同体的中介，因此不具有主权意义。只有在日耳曼生产方式中，才是完全意义的所有制，是主权所有制。只有从这种主权所有制发展出来的动产才能获得一种解放的力量，不受"共同体"束缚。这是马克思所讲的肯定意义的私有财产，是个人的本质的肯定，但只是一种狭隘的肯定。

  其次，马克思在《资本论》第一卷末尾中，讲到历史不是从农奴制度到资本主义简单的形式过渡，作为这种过渡起点的，是个人占有土地和生产工具的一种私有制（中世纪的工商业者的地位在整个前资本主义社会是比较高的）。这种私有制是在一种特殊的交往形式中发展起来的，即在日耳曼的原生形式中发展起来的。这也回应了李约瑟难题：中国的动产生产力水平虽然很高，但是中国没能发展出资本主义生产方式。因为作为共同体的国家是总的所有者，始终束缚着动产的主权功能。

再次，中国古代要发展出资本主义不仅需要物质生产力的基础支撑，而且需要有私有财产的主权政治功能所建构的制度空间和文化空间。在西方，资本主义发展的制度空间可以到私有财产的理想主义者罗马法中去寻找原形；思想空间可以到古希腊的哲学中去寻找灵感；其文化空间可以到中世纪的基督教中去寻找皈依。

中国的古代社会本身没有这种自由的社会空间可以提供，中国工商业阶层的社会空间在墨子时代最为自由，在汉代已经被封闭；在古希腊罗马社会中，虽然提供了自由的政治空间，但是没有提供自由的社会空间。工商业者的地位和文化空间同样被扼杀，只要血缘共同体所提供的原生共有空间存在，它就与货币共同体的自由空间产生矛盾。但是在日耳曼生产方式的原生形态中，我们发现，它已经没有了一个实在的"共同体"，有的仅仅是"联合"。所以货币共同体就可以在这个自由社会空间中孕育出的文化空间中展翅翱翔。

第二节 价值之"在"的原生时空

前面我们研究了原生形态的所有制形式作为人类的社会空间而存在的不同样式及其历史运动变化的形式，为了对原生形态的共同体进行微观分析，我们必须借助马克思的价值学说。如果说《资本论》是马克思研究价值自为存在的历史展开过程，那么对前资本主义社会的研究就是价值自在存在瓦解的历史过程。

价值之自在存在，即价值之在其自身，也就是说价值还束缚在血缘共同体之中，还没有突破地域的、空间的局限性，是价值还没有展开自身的一种原生状态。而价值的自为存在，则是价值突破了原始共同体，在与作为他者的共同体的交往中，将特殊化的劳动时间普遍化。在这个过程中，它逐渐瓦解原始共同体的特殊劳动时间，生成了世界历史性的、无差别的人类劳动时间，这就是形成资本主义世界市场的过程。在资本的自我扬弃中，人类劳动时间将逐渐过渡为人类生存空间的一体化。

以往对《资本论》的研究往往过于注重价值量，而忽视了价值实体。为了对马克思的价值实体理论做更为全面的阐释，我们需要借助马克思唯物史中的"社会存在"概念，也许有人认为社会存在与价值实体是两个"风马牛不相及"的概念。但是，事实证明马克思对社会存在的深入研究，正是通过"商品"这种价值的资本主义社会形式来深入的。马克思认为价值实体与使用价值是社会存在的内容，使用价值与交换价值是社会存在的形式。价值实体作为人类劳动的生理耗费，是人类活动的物质化存在，而使用价值是社会存在的物质内容。但是使用价值也是社会存在的形式，因为在原始共产主义中，使用价值不仅是社会存在的物质内容，也是社会存在的形式。马克思说："价值的第一个形式是使用价值，是反映个人对自然的关系的日常用品；价值的第二个形式是与使用价值并存的交换价值，是个人支配他人的使用价值的权力，是个人的社会关系。"①

一、价值与"社会存在"的内容与形式

在反驳瓦格纳和诺贝尔图斯对价值实体的误解的时候，马克思说："我不是从'概念'出发，因而也不是从'价值概念'出发。"那么，他的出发点是什么呢？马克思的出发点是社会存在。马克思正是通过分析商品这种社会存在的形式，才发现了这个形式之中所隐含的社会内容。因此，马克思只是为这种他所发现的社会存在的内容取了一个名字。他说：

> 商品的"价值"只是以历史上发展的形式表现出那种在其他一切历史社会形式内也存在的、虽然是以另一种形式存在的东西，这就是作为社会劳动力的耗费而存在的劳动的社

---

① 《马克思恩格斯全集》第 30 卷，人民出版社 1979 年版，第 127 页。

会性。①

马克思对劳动产品进行了分析，他将作为"社会存在"的劳动产品，分解为"社会存在"的"内容"和"形式"。他说，人的劳动的产物有两种"社会存在的形式"：一种社会存在形式是使用价值，另一种社会存在形式是交换价值。同时，他还特别指出"商品"所包含的"社会存在的内容"划分为价值和使用价值。马克思说：

> 我不是把"价值"分为"使用价值"和"交换价值"，把它们当作"价值"这个抽象分裂成的两个对立物，而是把劳动产品的具体社会形式分为这两者；"商品"，一方面是使用价值，另一方面是"价值"——不是交换价值，因为单是表现形式不构成其本身的内容。②

通过以上分析，我们就可以对价值的"自在存在"与"自为存在"做出一个更为严格的界定。实际上，价值实体最为广义的内涵，存在于有用的劳动产品之中。有时候，价值通过使用价值这种社会存在形式表现出来（当价值还处于自给自足的共同体中的时候，价值就通过使用价值表现出来，这时，特殊劳动直接就是社会劳动），有时候价值通过交换价值这种社会存在形式表现

---

① 《马克思恩格斯全集》第19卷，人民出版社1979年版，第420页。
② 《马克思恩格斯全集》第19卷，人民出版社1979年版，第412页。

出来。价值在原始共同体中，是作为一种潜在的趋势而存在的。价值实体要获得自己的表现形式，需要在空间和时间中展开自己，与他者发生联系，才能发挥一种普遍性的力量。价值的自为存在必须以世界市场作为自己的交往形式，而世界市场或者人类的世界历史性存在，只有到了资本主义时代才是现实的。因为，人之作为类存在，在其现实性上是从资本主义开始的。在前资本主义社会，人只是作为人类的特殊族群而存在。

价值之作为社会存在形式与价值之作为社会存在内容的区别非常关键。在"二战"前，人类劳动仅仅通过交换价值来实现其一般性，主要是通过世界市场对不同民族的产品进行比较。就是马克思所说的"在交换价值的基础上，劳动只有通过交换才能被设定为一般劳动"。因此，"二战"前人类劳动的无差别性、人类劳动的普遍性和同一性是一种外在统一性。"二战"后，随着世界价值产业链的形成，世界经济的一体化从世界贸易领域深入到生产领域，促进了世界生产的一体化。这个过程正在进行中，其最终归宿是建成人类化价值空间的自在存在，也就是"在共同生产的基础上，劳动在交换以前就会被设定为一般劳动"[①]。

在历史上，价值首先存在于一个"自给自足"的社会有机体中。在商品关系中，一个商品的价值是通过另一个商品体现出来的，那么在"自给自足"的社会共同体中，价值是如何表现自己的呢？这就是马克思在《资本论》中提出的几个思想模型。

[①]《马克思恩格斯全集》第30卷，人民出版社1979年版，第122页。

二、《资本论》中关于"价值实体"阐明

价值的自在存在就是价值还束缚在一个自给自足的共同体中，社会共同体是价值实体存在的社会空间形式。马克思就是根据社会共同体来让我们"直观"什么是"价值实体"的。

在《资本论》第一卷中，马克思列举了四个有关社会共同体的例子：第一个是由鲁滨孙一个人组成的生产有机体，这只是一个思想模型；第二个是关于欧洲中世纪中存在剥削的情况下的社会共同体；第三个是自给自足的家长制自然经济；第四个则是马克思所设想的自由人联合体。

首先，我们可以看到这几个社会有机体中并没有商品，但是其中有价值。正是因为没有商品和交换价值这种价值表现形式，才使得价值实体向我们显现出来。马克思在此"悬置""搁置""移除"了交换价值，以便让价值本身向我们显现其自身的本来存在。这种方法是我们经常说到的"遮诠"。这种社会有机体就是我们所讲的价值"自在存在"的社会形式。没有交换价值作为社会形式的社会有机体就是价值的自在存在状态。在这种形式中，劳动时间是封闭的，是不跟其他劳动时间进行比较的，劳动产品也不突破共同体的空间边界。因此这种社会有机体对劳动时间的封闭性，就是社会有机体的社会存在的空间局限性、特殊性。

其次，这些共同体在本质上都是自给自足的。在这种状态

中，只有在马克思所设想的自由人联合体中，才能达到真正的无差别的人类劳动。在鲁滨孙的例子中，因为他隔绝了与外界的一切联系，其个人劳动在现实意义上就是"人类"劳动。此外，在家长制的自然经济中，一个家庭的劳动从其现实意义上讲就是人类劳动。因此，我们将前资本主义社会中的价值实体，界定为封闭时空中的价值，将自由人联合体中的价值实体，界定为开放的人类时空中的价值。

再次，只有自由人联合体中的劳动时间，才是空间上"其大无外"的、普遍的、无差别的、人类的劳动时间。其他任何一种社会共同体，都是在封闭空间中的、一种鲁滨孙式的、隔绝性的、绝缘性的社会化劳动时间，还没有实现社会的人类化，也没有实现人类的社会化，更没有实现空间的普遍化和开放化。他们都将"类"局限在社会化的族群之上。此时，社会还是人类有自然界限的存在，是处于地域局限性中的社会，还没有实现马克思所说的"人类的社会化"或者"社会化的人类"。

三、价值存在的时空之维

古尔德认为："在不同的社会发展阶段，时间在质上是不同的。"① 那么在不同的社会发展阶段时间的质的不同到底是什么呢？只能是必要劳动时间。在前资本主义社会，土地或者地产作

---

① [美]古尔德：《马克思的社会本体论》，王虎学译，北京师范大学出版社2009年版，第68页。

为空间生产力具有支配性地位。这时，作为必要劳动时间的价值实体表现为"自然必要劳动时间"。因为不同的空间所提供的自然生产力是不同的，这是理解社会发展的空间差异的根本。如果不懂得"自然必要劳动时间"与"社会必要劳动时间"的差异我们就很难说明文明发展的不平衡性。马克思认为处于地理空间的热带地区的人们，因为自然生产力过于强大，使得人们离不开自然的脐带；而寒带地区则因为自然生产力过于低下，使得人类没有充足的剩余劳动时间用来发展社会生产力。因此，只有温带才是社会生产力得以快速发展的温床。马克思在《资本论》中还指出，在人类发展的初期，作为生活资料的自然富源对生产的发展起到决定性作用等。

为了不至于发生误解，我们必须对"自然必要劳动时间"做出一点说明。首先，在人类的初期，人类共同体本身还是一种自然共同体，因此，必要劳动时间的意思还包含了马克思所讲的"原生形态"的意思。所谓"原生形态"就是说"自然形成的部落共同体……是人类占有他们生活的客观条件的第一个前提"[①]，也就是说，这种共同体的社会性与自然性还没有发生分离。那么自然共同体的自然性与社会性是如何发生分离的呢？严格来说，任何一种自然共同体都可以发生社会性与自然性的分离。但是这种分离在亚细亚生产方式中表现得最不明显。按马克思的说法就是，在亚细亚生产方式中，乡村与城市之间是一种无差别的统一。这样"价值实体"作为"自然劳动时间"与作为"社会劳动

[①] 《马克思恩格斯全集》第46卷（上），人民出版社1979年版，第466页。

时间"在空间上就很难发生分离。因此，马克思和黑格尔一致认为亚细亚的生产方式保存得最为长久，似乎没有发生历史形式的变迁，这表现在中国五千多年来一直没有中断的文明，以及中国的"天人合一"等思想中，也就是人与自然的同一。

在历史上，"自然必要劳动时间"与"社会必要劳动时间"只有在古典古代的生产方式中，才在空间上发生了明显的分离。马克思把古希腊文明称之为正常的儿童，因为古希腊文明是建立在以城市为中心的城邦文明之中，而城乡分工则是自然生产力与社会生产力发生分离的一种空间表现形式，也可以说是"自然必要劳动时间"与"社会必要劳动时间"发生分离的社会空间形式。自然必要劳动时间主要用来标识前资本主义社会农村的不动产和土地的自然生产力，社会必要劳动时间主要用于标识前资本主义社会城市的、动产的文明生产力。

在前资本主义社会，自然必要劳动时间都起到了支配作用。"自然的生产工具"土地始终是起支配作用的。而在古希腊，城市则为"文明的生产工具"，即积累的劳动时间，提供了一个独立发展的空间。因此古典古代文明为我们理解自然必要劳动时间与社会必要劳动时间的差异提供了一个显著的形式。"社会必要劳动时间"在城市中获得空间上的独立发展为价值实体突破共同体对它的空间封锁提供了条件，价值实体开始了自己的"自为存在"，也就是说，价值实体开始作为"资本"而存在，即价值表现为脱离了地产的、自由的、不受空间限制的共同体，即货币共同体（货币的第三种规定）。但是，它并没有建立资本主义的生产方式，只是瓦解了古典古代的共同体，使得古希腊和古罗马文明衰落（近代的文艺复兴和思想启蒙运动都回到古希腊寻找哲学与艺术的灵感，在法律上借鉴了古罗马法，而古典时代的思想之所以能够被近代借鉴就是因为那时资本主义的交往方式已经建立，已经是一种模糊的资本主义思想，只是没能建立资本主义的生产方式而已，因此马克思才说意识形态没有历史）。

第三节　共产主义的原生时空

前面两节，我们已经对社会时空与原生形态的所有制的内在联系做了研究和分析。我们还运用了马克思在价值分析中提供的共产主义模型，因为价值存在的原生时空之中，本质和现象是统一的。分析中我们发现社会生活中的现象和本质之间之所以产生分离和异化，就是因为人类社会在发展过程中产生了分工和私有制。人类生活领域的分离导致价值内容与价值形式之间的内在统一性的断裂，从而遮蔽了人类生活的本质，但是人类文明的产生也是通过人背离自己本质的方式而得到发展的。

西方哲学家海德格尔在研究人类的本质与现象、内容与形式的统一的现象学方法中提出了生存论的解决方案，其中还在某些方面跟马克思进行了某种交流，对马克思所讲的共产主义给予了很高的评价，特别是他的生存论时空观为我们进一步理解马克思所展现出来的共产主义时空观中本质与现象的同一性提供了某种借鉴，但是他的方法在某种程度上又回到了仅仅解释世界的功能中。在本节，我们以海德格尔与马克思的一种交流为切入点，研究马克思的共产主义时空观，我们从不同角度，用马克思的社会时空观对海德格尔的社会时空思想中的生存论进行批判性分析。

马克思的共产主义思想，不仅仅是一种理论或世界观，而且是对人类存在本质的一种揭示。他所讲的人的世界历史存在，就是人类未来的共产主义存在方式。在地域性的原始共产主义社会形式中，人类被空间所隔断，还没有完成类的社会化。那时的人类只有人类学的存在方式，只有实现了人类的社会化，或者世界本身作为人类的生存空间得以展开的时候，人才能达到自己的类本质。而海德格尔对人的生存空间的把握，为我们理解人的存在的本真状态提供了一个视角，可以为我们审视共产主义社会人的存在状态提供镜鉴。

一、海德格尔跟马克思的一种交流

在《人道主义的书信》这篇文章中，海德格尔说："一种对世界历史性地存在着的东西的基本经验，在共产主义中表达出来了。谁如若只把'共产主义'看作党派或者'世界观'，他就想得过于短浅了。"① 这是海德格尔比其他哲学家优越的地方，因为有的哲学家直接就把共产主义作为一种意识形态的"乌托邦"来理解。海德格尔之所以能够看到马克思所讲的共产主义的存在之

---

① [德]海德格尔：《路标》，孙周兴译，商务印书馆2000年版，第401页。

维,是因为他对人的生存状态的关注。只不过他的关注点在于人类生存的意义和价值。他说:"无家可归状态变成一种世界命运。马克思……当作人的异化来认识的东西,与其根源一起又复归为现代人的无家可归状态了……马克思在经验异化之际深入到历史的一个本质性纬度中。"① 只不过海德格尔所关注的角度在于人的感性经验的异化,特别是康德"时空"观中,作为人的感性先天形式异化的揭露,其本质是自然界的异化。因此,他主张从"此在"的时间性和空间性,重新澄清异化时空中的事物。他放弃了范畴、概念等等这些与异化时空相联系的事物,转向了与人的生存相联系的"诗"与"思"。他深刻意识到现代人的"无家可归"状态,为了给人的生存提供一个可以依靠的居所,他提出"语言是存在之家""诗意栖居"的命题。他认为在这种异化时空中,一切都成了数学的参数,表现了人们"无家可归"异化之乡的感受,一切都是外在的、疏远的、冰冷的。他想通过"此在"的空间性来"去远",来"切近",让天、地、神、人向我们聚集。

但是,海德格尔所讲的"语言"并不仅仅是我们的日常语言,正如他在《存在与时间》中通过"上手之物"让世界向人得以展开,世界作为"因缘整体性",其意蕴和解释等都是在"上手之物"中得以揭示的。世界作为一种语言的因缘整体性,本身就是语言的一种存在形式。一种作为神秘的、发号施令的"本有""天命"使世界向我们敞开。正是在我们聆听天命之际,我

---

① [德]海德格尔:《路标》,孙周兴译,商务印书馆2000年版,第400,401页。

们才能道说，道破天机。"语言"的内涵在海德格尔哲学中特别丰富，语言是存在之家，绝不是日常意义上的语言。可以说，万物皆是"语言"，因为万物皆为我们传达着某种信息。

然而，与海德格尔不同，马克思所讲的人的"无家可归"状态中的"异化经验"、异化的感受，是由工人失去了自己生存的物质空间导致的。这种物质空间必须以社会的形式显现、占有，这就是所有制。如果说"语言"是人类占有世界的一种普遍性方式的话，那么马克思则诉诸人类社会本身的这种物质占有方式——所有制。马克思正是通过对"所有制"这种物质生活中特有"语言"的解读，进入了对人类本质的澄明把握。因此，只剩下自己劳动力作为所有物的工人，失去了自己的生存空间，才进入了"无家可归"的状态。语言是存在之家所表达的不过是：社会是存在之家，共同体是存在之家。在异化的形式下，在货币共同体的时代，所有制、私有制就是存在之家。但是，在货币共同体中，人们相互异化，因此也就无家可归。货币作为运动的、居无定所的所有制，打破了地产的故步自封的狭隘性。此时，人们也就只能四海为家了。这就是人的世界历史性存在。因此，对于"所有制"这种历史语言的解读，为我们揭示共产主义作为人类的存在之家提供了可以通达的大道。

二、共产主义的描述

马克思在《资本论》第一卷中对共产主义进行了两种描述。

第一种是在说明价值的时候，他提出价值在自由人联合体中的实现形式。在这里，马克思是从一般意义上来理解自由人联合体，或者是共产主义社会。那么什么是一般意义呢？即没有社会形式的区别，无论是在哪一种社会中，为人类所共有的一般性规律。马克思是这样表达的："设想有一个自由人联合体，他们用公共的生产资料进行劳动……在那里，鲁滨孙劳动的一切规定又重演了。"① 在这里，马克思只是从人类社会的一般性规律出发对价值实体中的社会劳动时间进行了规定。他使用了一种思想"原型"的共产主义来澄清被交换价值这种社会形式所遮蔽的社会内容，即价值实体。

在《资本论》第一卷的结尾处，马克思又对共产主义做出了规定，但这不是一般意义上的规定，而是从社会形式方面做的特殊规定。他说：

> 资本主义私有制，是对个人的、以自己劳动为基础的私有制的第一个否定。但资本主义生产由于自然过程的必然性，造成了对自身的否定。这是否定的否定。这种否定不是重新建立私有制，而是在资本主义时代的成就的基础上，也就是说，在协作和对土地及依靠劳动本身生产的生产资料的共同占有的基础上，重新建立个人所有制。②

---

① 马克思：《资本论》第1卷，人民出版社2004年版，第96页。
② 马克思：《资本论》第1卷，人民出版社2004年版，第874页。

因此，马克思从社会关系的角度回答了未来共产主义是在共同占有一切财富的基础上的个人所有制。

那么，个人所有制到底是怎样的一种制度呢？我们从辩证法的角度来谈这个问题。《资本论》第一卷的起点是什么呢？是土地的个人的私有制。这种制度是在欧洲封建社会解体的时候产生的，其中包括农业的私人所有制、手工业的私人所有制和商业的私人所有制，它代表了人与自己特殊本质的狭隘同一。资本主义的前提就是对私有制的剥夺，这种剥夺是从商业私有制对农民和小手工业者的剥夺中建立起来的。它结束了生产资料在空间中的分散状态，开始了集中使用。在这种意义上，资本主义本身就是一种集中的、共同使用生产资料的经济，这种制度是建立在人与自己的生存空间相分离的条件下的。那么共产主义就是让人重新占有自己的对象性本质，即自己的生存空间。那时，人的对象性本质，绝对不是作为狭隘生存空间中的地产，也不是彼此分散空间中的手工业工具，而是人类能够共同占有的普遍的物质财富。那么个人所有的是什么呢？个人所有制中人的本质，不再局限于狭隘空间中的对象，而是开放的社会空间中的自由活动。

马克思的辩证法有一个大逻辑和小逻辑的区别。大逻辑的起点是血缘共同体，否定和中介环节是货币共同体，终点则是自由人联合体。上面我们提到的只不过是货币共同体中的一个三段论。在血缘共同体中有一个原生生产方式的辩证法，即亚细亚、古典古代、日耳曼三种不同的原生空间生产方式，他们之间也有一种三段论式的关系，同时在每一个原生形态的生产方式中都对应着自己的特有的异化形式。作为《资本论》起点的私有制正是日耳曼生产方式中特有的一种异化形式，正是从这种异化形式中发展出了货币共同体对私人所有制的否定。本书仅仅对原生形态的共产主义的时间和空间做一说明，这种说明对于我们对未来社会时空关系的进一步探寻也将大有裨益。

三、共产主义的原生空间的一般阐明

有一个自然的空间，有一个社会的空间，人这种生命就可以生存。人类生存的自然空间远不是我们从客观角度所理解的空无一物的抽象空间，也不是塞满了自在事物的空间。人类所生存的"自然空间"是人与自然关系的另一种表达。动物的本能与自然之间是直接同一的。马克思说："凡是有某种关系存在的地方，这种关系都是为我而存在的……对于动物来说，它对他物的关系不是作为关系而存在的。"① 这个"为我"存在的自然界，这个跟人类发生关系的自然界是人类生存的自然界，是人类生存的自然空间，这个自然空间就其本身来讲就是自然界的"使用价值"，或者作为"使用价值"的自然界。这里我们得出了自由的原始意义。相对于动物而言，人是自由面对自然界的。"他自己的生活对他来说是对象……他的活动才是自由的活动。"② 在原始共产主义社会中，特别是在游牧、游猎时代的共产主义，人类的劳动，

---

① [苏联] 大卫·鲍里索维奇·梁赞诺夫：《德意志意识形态·费尔巴哈》，夏凡译，南京大学出版社2008年版，第45页。
② 《马克思恩格斯全集》第3卷，人民出版社1979年版，第273页。

人类的自由在于去"寻找"、"猎取"、"采摘"不同的"自然对象",使那些与人类的生存不相干的"自在"自然界转变为"为我"的,对人类的生存具有使用价值的生存世界、生存空间。

在这种社会中,人们的"社会必要劳动时间"等于"自由劳动时间",这是因为人们可以在不同的"对象性活动"中按照共同体的需要进行转变,而不是固定在一种"对象性活动"中,永远如此。"工具"与作为使用价值的自然界是同一层次的"概念"。人类区别于动物之处在于"使用工具",它与人类自由地面对自然界是在相同意义上来界定人类与动物的区别。因为,人类自由地面对自然界就是把自然界作为工具来使用。正是在这种意义上,马克思把自然产生的生产工具与文明产生的生产工具作为区别资本主义社会与前资本主义社会的概念来使用。我们为什么把人类生活的自然界定为自然空间,而不是界定为"自然物"、界定为自然空间中的"自然物"存在者呢?因为,"财产最初是动产,因为人起先占有的是土地的现成果实……总是以土地作为前提……供往来游走"[①],因此人类生存的自然空间就是"地产"。

但是这里的"自由劳动"并不是个体的"意志自由",而是"共同体"的意志自由。因为这里只有"集体所有,个人占有"。从活动的形式来看,并没有"个人的自由活动";从活动的物质内容来看,在原始共产主义社会中,因为"个人"并不是被束缚在某个"分工"领域之中,所以他们在不同的领域中活动,所以又是自由的。

[①] 《马克思恩格斯全集》第30卷,人民出版社1995年版,第485页。

作为"世内存在者"的"自然空间"与作为人类生存的自然空间不同。例如，某某自然空间因为道路的开通以及交通工具的改善，使得原先隔绝的人有了联系，这是作为世内存在者的空间。但是，作为世界的空间和作为世内存在者的空间之间有一种相互转化的辩证法。本来作为世界的空间规定了一个共同体的结构形式和自然生产力的社会必要劳动时间，但是因为自由劳动时间的溢出，这个自然空间被交通和商业所改变，它就有可能对共同体本身发生反作用，瓦解共同体本身。这个空间就从世内存在者转变为世界空间。马克思经常讲到古代的商业民族是在农业民族的缝隙中生存就是将这种"自然空间"的抽象距离做了"世内存在者"的理解，而通过商业所形成的世界市场又是将它作为世界空间来理解的，因为它改变了共同体本身的存在方式。从根本来说，作为世界的空间是从使用价值对共同体的关系中产生出来的文明样式。同时，价值作为共同体的形式空间的实体，对共同体本身起构建作用。马克思说，"劳动的不同的自然条件使同一劳动量在不同的国家可以满足不同的需要量，因而在其他条件相似的情况下，使得必要劳动时间各不相同"，并且指出，"良好的自然条件始终只提供剩余劳动的可能性"。①

四、原生的生存空间与文化空间

上面我们提到了内容的自由与形式的自由。所谓内容的自由

---

① 马克思：《资本论》第 1 卷，人民出版社 2004 年版，第 588 页。

就是社会分工还没有形成，只有自然分工，在这里人与自然的关系本身就是人与人之间的关系。人们根据自己的性别和年龄进行分工，又不局限于与自然的某种固定的关系。这种自由我们将其称之为内容的自由、实质的自由，这是从生产力角度来界定的自由，在这种社会，社会必要劳动同时也是自由劳动，社会必要劳动与自由劳动没有分离。另一种自由则是形式自由。形式自由是根据生产关系界定的自由，也就是马克思所说的亚细亚、古典古代与日耳曼的生产方式。在这三种原生形态的生产方式中，都没有所谓的"剥削"。因为"原生形态"的定义就是人是自己生存条件的占有者。在这三种原生形态中有一些"次生"形态，这些"次生形态"从"法"的角度来讲依然是没有剥削的。因为，"奴隶"在"法"上没有"人格"，因此，是"会说话的工具"，是"会说话的畜生"。黑格尔认为这三种形态分别代表了世界历史精神中一个人的自由、一些人的自由、所有人的自由，这样三种形式的自由分别代表了世界历史精神的起点、中介和终点。与此对应，马克思认为这是由三种不同的土地的所有制形式所决定的。如果不发生异化，他们的实在的、实体的自由与他们的形式的自由是同一的。三种所有制形式代表了三种不同的生存空间、三种不同的自由，发展出不同的文化空间，而不同民族的文化空间产生之后，一般都会保持到这个原生共同体的灭亡时才会消失。如中国文化是5000年没有断绝的，正是因为它的原生形态所产生的文化空间成为中华文明的摇篮。

马克思将农村作为自然生产力和自然生存空间来认识，而将城市作为社会生产力与社会生存空间来认识。亚细亚是农村与城市无差别的同一。在亚细亚生产中,"只有公共所有,只有私人占有"①。在这种生产方式的异化形式中,由君主代表了这种集体的所有,所有其他人都只是占有者,故而马克思把亚细亚这种奴隶制称为普遍的奴隶制,这种奴隶制与西方完全不同。因为这样发展出来的"剩余劳动时间"不会对共同体进行根本性的颠覆,中国是这方面最典型的代表。中华民族是世界上唯一一个五千多年来文化没有发生断层的民族,这种强大的生命力,有且只有这种早熟的文明才能做到。

在这种原生形态的社会空间中,人们获得更多的是一种内涵性自由,内容性自由,如中国古代社会在秦代就消除了贵族制度,自君主以下人们在政治上都是一样的。尽管在魏晋时代产生过新贵族,一直影响到唐朝,但是宋明之后人与人之间的社会阶层之间不是一种固化关系,而是可以流动的。因此中国古代社会具有这样一种内涵性的自由文化,而道家思想则更多地代表了一种形式自由,尽管这种形式自由没有充分发挥出来,但是这种从小农的自然经济中生长出来的力量不可低估。特别是魏晋时代,这种形式自由文化一度影响了中国文化空间的建构。

"第二种形式不是以土地作为自己的基础,而是以城市作为农民的已经建立的居住地。耕地表现为城市的领土……住处集中在城市,是这种军事组织的基础。"②在古希腊、罗马时代,共同

---

① 《马克思恩格斯全集》第30卷,人民出版社1995年版,第472页。
② 《马克思恩格斯全集》第30卷,人民出版社1995年版,第496页。

生存的前提条件表现为"城市",这种"城市"并不是日耳曼生产方式中由"剩余劳动时间"所建立的城市。古希腊和罗马城市本身是按照"战争"的需要而建立起来的集体组织。这种"战争公社"作为共同体是它们占有土地这种生存工具的前提。但是这种共同体并不牢靠,特别是在它的异化形式中,奴隶解放之后,获得了自己的社会法权资格,从事市场交换,而贵族因为自己的身份不屑于跟他们竞争,因此奴隶制和交换价值必然会瓦解这种所有制形式。他们的精神表现是黑格尔所讲的"主奴关系辩证法"。在这里实在的、人与自然之间的自由被让渡给了奴隶,而主人则仅仅代表了人与人关系中的形式自由,最后实在的自由战胜了自己的主人。这里贵族从事农业,奴隶从事工商业,工商业对农业进行瓦解,等等。马克思说在古典古代是城市的农村化,在日耳曼社会,则是农村的城市化。城乡分工对人的生存空间的影响,就是自然生存空间与社会生存空间的区别。但是,第二种原生形式的"城市"是自然生存空间的"设定",这种"城市"作为"战争组织"是对流动空间的"设定"。首先跟亚细亚方式相比,亚细亚是静止的自然空间,以城市为起点的古典模式则是一种流动空间,他们正是因为在争夺生存空间的过程中,在战争的运动中为自己设置了一个"立足"点,然后再向外辐射,只是辐射的依然是自然生产力和自然生存空间。尽管其中代表"社会生产力"的工商业城市空间发展起来了,但是它们仅仅作为原生形态的瓦解形式而存在。与之不同的是,日耳曼的城市是从"农村"中"集中"起来的,他们代表"剩余劳动时间"或"自由劳动时间"的自我"集置"。因此他们能够建立一些"城市共和国",他们有"自治权"。如果说古典古代的城市,代表的是自由劳动时间对自然必要劳动时间的瓦解,那么日耳曼的城市中的社会劳动时间作为自由劳动时间则长出了飞翔的翅膀。

第三章　原生时空的解体与资本的异化时空：生存论时空观的批判

　　人类早期社会的原生时空随着生产力的发展必然会发生分工，即生产空间的分裂，刚开始的时候，这种分裂还能跟共同体提供的交往空间相容，但是一旦突破一个临界点，生产力的发展反而导致共同体的瓦解。最后，这些分裂需要一个超越地域局限性的共同体，即货币共同体，一个异化的共同体来为他们提供交往空间。这时主观地存在于工人身上的劳动时间与客观地存在于资本身上的生存空间就彻底分离了，这种形式的社会空间是一种异化空间，它不是为人提供安居之所，而是让人无家可归、四处漂泊。海德格尔的生存论时空观正是资本主义异化时空的理论表现，本章我们将通过马克思的社会时空观对资本主义的异化时空及其理论表现进行批判和分析。

第一节　对生存论时空观的唯物主义审视

海德格尔所谈的时空观与生存的意义密切相关。特别是此在的空间性与时间性都是作为一种阐释学的原则而存在的。他的"在场"理论就是此在的空间性。他的"向死而在"就是此在的时间性。此在的时空所显现的是生活世界的意义和价值，但是，这种阐释学的时空观有其现实的社会形式作为基础。对隐含在海德格尔时空理论背后的社会存在进行分析，将有助于我们更好地理解唯物史观的深层内涵。

自从康德把时空作为感性直观的先天形式开始，时—空就跟我们的主观世界观发生了内在关系。但是，康德把"时空"范畴归结到人的感性直观之中，对于时空的存在则不置可否。这就使得"自在之物"成了一个既"包罗万象"，又"混沌不分"的寂寥、玄幻之物。黑格尔把康德的"自在之物"转变为"自为之物"，使得作为感性直观的先天形式的"时—空"得以在思维中展开，黑格尔辩证法的强大力量正是包含在他对"时间"的强大否定性力量的把握之中，而各种"精神现象"之所以能够被人"观"，就是因为他们在思维的过程中有某种"时空形式"。这种"时空形式"可以表现为映象、本质、概念、理念。总之，黑格尔的逻辑学和现象学不过使得思维活动时间获得了异化的、对象化的空间形式。尽管黑格尔已经自觉到了这种"时—空"辩证法，但是，他仅仅将其限制在精神世界中。他说："这种'秘奥'就是绝对概念；因此，这种绝对启示就是绝对概念的'秘奥'的扬弃……就是绝对概念的广延……这种启示是它（绝对概念）在时间中的体现……从而，这个外在化存在于它在自己的空间的广延中。"①

如果说康德探索了感性直观的时空，黑格尔探索了精神思维的时空，那么海德格尔则探讨的是一种生存论的时空。海德格尔思想中的"此在"范畴包含"此时"与"此处"两个纬度，分别表现了时间与空间两个维度。

一、关于"此在"之"自在"与"共在"的二元分裂

在《存在与时间》中，海德格尔对存在的生存论分析就是通过现象学的方式来"看"存在之现象。他对古代的存在概念进行厘清，古代的存在是从存在者层次上被领会的，而他的存在当然应该也是一种存在者。但是，这个存在者存在着，它就是"此在"，一种特殊的存在者。它不是无生命、无意识、无生存的活动，无生存空间的存在者。这个存在者要去"存在"，这个"存在者"是划了括号的存在者，打了问号的存在者，因为他还不是存在者，他只是存在的一种可能性，故而"此在"还不在，那么此在如何在呢？

此在之在必须有两个维度来"展示"自己之为存在者，第一

---

① ［德］黑格尔：《精神现象学》，贺麟、王玖兴译，商务印书馆1979年版，第275页。

个维度是空间和世界之维度，另一个则是时间和历史之维度。贯穿于这两个维度中的是私人世界与"共在"世界的分裂。

在海德格尔的思想中，世界不是在空间中，相反空间是在世界中。当然这里的空间绝对不是我们所讲的抽象的几何空间和自然物质空间，这里的空间讲的是"个人""私人"的生存空间。海德格尔在这里没有明言这个空间是"私人的生存空间"，那么这个私人的生存空间是从哪里来的呢？海德格尔将它界定为从"世界"中来。但是，这个世界是怎样的，这个世界从哪里来呢？我们通过进一步唯物主义分析表明这种空间也是从私人的生活世界中来的。海德格尔首先从"非此在"的存在者的角度，把世界理解为"事物"的"因缘整体性"，然后又从此在的角度，把世界理解为"常人"，即此在的非本真存在，此在之与他人共在，即公共世界。

在这里，海德格尔把世界与人的生存空间分裂为二，是因为什么呢？首先，海德格尔所讲的"空间"并非人类生存的公共空间、社会空间，而是作为个体的此在的意义空间。这种生存空间是通过"去远"与"定向"来生产、生成的，这个生存空间不是一个物质生活空间，而是一个精神的、生活意义的、生活价值的空间。这种空间既不是康德的感性直观的空间，也不是黑格尔精神世界的逻辑范畴的空间，而是生活价值得以彰显的空间。因为这个生存空间不是人类生活的物质空间，所以海德格尔才能把生活世界跟生存空间分裂为二，让这个空间似乎获得了能够"设置"意义的自由。

第三章　原生时空的解体与资本的异化时空：生存论时空观的批判

后来海德格尔又引入了时间概念，来谈时间问题和空间问题。海德格尔思想的深刻性就表现在，海德格尔正是从时间与空间之间的关系上来界定世界的。

在《存在与时间》的前半部分，他首先界定了生活世界之为因缘整体性，又通过生存空间使得生活世界向作为"常人"的此在展开。在后半部分，海德格尔揭示了世界的超越性与世界历史。世界的超越性讲的是世界如何向个人得以显现，因此，这个世界是一种私人世界，世界的超越性就是世界的历史性，但是世界的超越性与历史性都是作为"独在""自在""我自身"的"此在"的世界，这里还提不到真正的世界历史，这种个人的世界历史性存在即"命运"。海德格尔把世界历史归结为与他人共在中的共同体演历，即天命。他说："命运使然的此在……在本质上自共他人存在中生存，那么他们的演历就是一种共同演历并且被规定为天命。"①

这里有两个矛盾。首先，公共世界是作为"常人"的世界与作为本真的天命之间的关系没有厘清。其次，作为共同体的天命与个体的命运之间的关系也交代得比较模糊。他说："天命并非由诸多个别的命运凑成……在同一个世界中共处……诸命运事先已经受到引导。"② 并且在与同代人中在共同天命的引导下，构成了此在的本真的演历，即构成了本真的世界历史存在。海德格尔

---

① ［德］马丁·海德格尔：《存在与时间》，陈嘉映、王庆节译，生活·读书·新知三联书店 2006 年版，第 435 页。
② ［德］马丁·海德格尔：《存在与时间》，陈嘉映、王庆节译，生活·读书·新知三联书店 2006 年版，第 396 页。

在论述作为常人的此在的时候也提到过，他说："为同一事业而共同勠力，这是由各自掌握了自己的此在来规定的……从而把他人的自由为他本身解放出来。"① 不然人们的共同历史要么就是越俎代庖地替他人作嫁衣，要么就是提前解放地去剥削他人。个体"独在"与"共在"的分裂是"共同体"的"天命"与"个体"的"命运"衔接断层的理论根基。因此，海德格尔的二元论是非常明显的。

海德格尔的"世界历史"思想在某种维度上已经进入了马克思的世界观之中，但是只是接触到了世界历史的"原现象"，而没有进入世界历史的本质维度之中，因此，他不能说世界历史是什么，而只能大体描述出世界历史的一个现象。世界历史的大体轮廓是怎样的一种图像呢？海德格尔在《存在与时间》中，还不能用"空间"性符号表示世界历史之为世界，他选用了"时间性"的"天命"这个术语。那天命又是什么呢？天命就是"到时"。他说：

> 无家可归状态变成一种世界命运。马克思……当作人的异化来认识的东西，与其根源一起又复归为现代人的无家可归状态了……马克思在经验异化之际深入到历史的一个本质性纬度中。②

---

① ［德］马丁·海德格尔：《存在与时间》，陈嘉映、王庆节译，生活·读书·新知三联书店2006年版，第397页。

② ［德］马丁·海德格尔：《路标》，孙周兴译，商务印书馆2000年版，第400页。

二、关于生存论的一种唯物主义还原

"此在"的唯物主义内涵只能被规定为脱离了自己的生存条件的存在者,这个存在者只能是"无产者"——工人。在《1844年经济学哲学手稿》中,马克思在对无产阶级的分析中,对此在存在的具体的时代条件进行了分析。我们可以看到无产者是"此在"之"能在",是存在的抽象可能性,也就是说,"此在"是一种失去了生存空间的纯劳动"时间"的存在。这种"劳动"作为一种抽象可能性,只是存在于工人的劳动能力之中,工人的"私有财产"只是作为可能性的劳动时间,这种可能的劳动时间是资本的使用价值。资本是整个工人的"异化的生存空间"。因为,工人在这种"生存空间"中不是一种"栖居",而是一种"无家可归"。海德格尔的生存论的阐释学不过是对作为工人的生命的劳动时间和作为工人的生存条件的生存空间的一种阐释学的转换,把一些社会存在形式进行了哲学改装。这种改装之所以成功,是因为他进入了工人的生存境况之中,成为人们揭露现实的一种世界观。在这方面,海德格尔之所以做得卓有成效,是因为他用个体的、独在的、我自身的此在"时间性"来解释世界历史现象。

后期,海德格尔更趋向用此在的空间性来解释世界的澄明。就"在场"的在场状态来说,在场之"场"是海德格尔让"事情自身"显现的一种澄明的诠释学语境,其实就是此在的空间性,但是海德格尔把它神秘化了。其实，人的生存的社会空间不就是"所有制"吗？不就是人类社会的对象性世界吗？不就是社会物质财富吗？不就是私有财产吗？马克思正是通过对人类生存的社会物质空间的揭示，探索了人类历史发展的社会形式。

马克思说任何把理论带到神秘主义去的地方都是错误的。这种被哲学术语所遮蔽了的"用语"我们完全可以用一种"实践"的物质生活语言对其进行揭露。首先，海德格尔使用了最为"平常"的语言去描绘最为晦涩的理论，他为什么用这么"平常"的语言，同时为什么又用了这么晦涩的理论呢？这主要是由他的理论目的决定的。正如马克思对商品这种最为"平常"的生活现象进行了非常复杂的思想"抽象"一样，我们的世界是一个"颠倒"的世界，必须将日常生活中的"语言"颠倒过来，才能看到一个正常的世界。

马克思强调哲学只是"解释"世界，而问题则是改变世界，因此，马克思主张消灭哲学"解释"的功能，开启哲学"革命"的社会存在功能，也就是让"世界哲学化"，让世界自己"道出"真理，让世界如其所显现的那样。在《1844年经济学哲学手稿》中，马克思已经向我们初步展示了这是一个怎样的世界。他说："历史本身是自然史的，即自然界生成为人这一过程的一个现实部分……直接的感性自然界，对人来说直接是人的感性，直接是另一个对他来说存在着的人。"[①] 在这里，马克思将自然界的事物还原为人的感性，这让我们想起了贝克莱的"存在即是感知"，

---

① 《马克思恩格斯全集》第42卷，人民出版社1979年版，第308页。

但是，马克思更为推进了一步，他说自然界的事物就是另一个人，这另一个人就是人类，就是人的物质交往关系，就是社会，当然是社会化的人类，不是人类学意义上的人类，而是社会学意义上的人类，是人类的社会化，人的世界历史存在。只有在这个时候，自然界、社会、语言才不会以颠倒的方式来显现它的所指，而是用一个无遮蔽的状态来自我显现。从方法论的角度来看，人正是通过自己生存的社会空间来进行自我遮蔽的，马克思将这种无遮蔽状态放到了"共产主义"共同体中，放到了私有财产的扬弃之后。因此，正是私有财产——所有制，"限隔"了人的生存空间，这个生存空间是物质的生存空间，无论从内容上还是形式上都限制了人。因此，只有打破"私有制"的限隔，人们才能进入到无遮蔽的世界历史性存在之中。

正是在这种意义上，海德格尔说："一种对世界历史性地存在着的东西的基本经验，在共产主义中表达出来了。"[①] 陆九渊说："不是宇宙限隔了人；人自限隔于宇宙。"如果抛弃其唯心论成分，从所有制来看，就是消灭私有制，即"公生明"。因为只有去除了私有的限制之后，人才能进入"浑然与万物同体"的澄明之境。海德格尔并没有讲到社会存在本身的自我"祛蔽"功能。社会本身去除遮蔽，只能依靠感性活动本身改变世界来进行，也就是说，我们通过对感性活动和实践的澄明就足以让我们看清世界的本来面目。尽管哲学可以去揭露、揭示这种澄明，但是，感性活动本身的澄明则只能是历史的、实践的、现实的活

[①] [德] 马丁·海德格尔：《路标》，孙周兴译，商务印书馆2000年版，第401页。

动。海德格尔说:"唯当此在在,才有存在……唯当存在之澄明自行发生,存在才转让给人。"① 即存在才转让给"此在","存在本身就是澄明之天命"。②

海德格尔所讲的类似于中国哲学中的"知行本体",这个"知行本体"在海德格尔那里称为"存在的澄明"。如果按照唯物主义进行实践的还原,就是马克思所描述的共产主义世界。在共产主义的非异化的世界中,感性活动本身直接成了理论家。但是,世界为什么会异化、遮蔽自己呢?从唯物主义的角度看只能是分工造成的。分工使得"知"与"行"发生了分离,分工让人们的感性世界相互分裂,从而只让作为世界的活动空间的某个部分向我们显现。但是分工不仅仅让我们在感性世界中发生着一种感觉的、知识的分裂,更在实践中支配着人的世界。

三、生存时空的辩证法

世界是如何向人遮蔽了自己的呢?世界为什么会遮蔽自己呢?我们在上面已经提到了分工让世界发生了分裂。但是,分工为什么会让人的世界发生分裂呢?分工让人的生活世界发生分裂最为典型的特点是什么呢?分工让世界发生分裂的最典型的形式是在资本主义社会中。作为人的生命活动的劳动"时间"与作为

---

① [德]马丁·海德格尔:《存在与时间》,陈嘉映、王庆节译,生活·读书·新知三联书店2006年版,第396页。
② [德]马丁·海德格尔:《存在与时间》,陈嘉映、王庆节译,生活·读书·新知三联出版社2006年版,第397页。

人的生存"空间"的资本,即生产条件发生了分工。马克思说:

> 生产的经济对立,质的社会规定性本身,表现为一定分工方式的经济形式,而从属于这一规定性的个人则作为资本家和雇佣工人,工业资本家和食利者,租地农场主和地主等等而相互对立。①

在这种典型形式中,一部分人占有人类生存的物质空间;另一部分人则仅仅占有自己抽象的劳动时间,这是典型的"时空"分离。这种生存时间与生存空间的社会分离是社会遮蔽自身的根本原因。而要实现人的生命活动和生存条件的统一,就不仅仅是思想的任务,而是生产力的任务了。

在前资本主义社会中也有分工,但是并没有发生这种生存时空的分离,那么在前资本主义社会中是否有遮蔽呢?海德格尔自己说:"在原始社会中这种遮蔽比较少。"马克思经常用"自给自足"的共同体,这种共同体作为人类生存时空的"原生形态"是不存在这种遮蔽的,这就是马克思所说的亚细亚、古典古代和日耳曼的生产方式。但是这些生产方式都发生了某种异化,在他们的异化形式中则存在着遮蔽,这种异化形式是如何发生的呢?是通过分工而发生的,这种分工的发生是如何进行的呢?是通过分工的特殊性以及对特殊性的弥合来实现的,这就是马克思在《德意志意识形态》中讲到的特殊利益与普遍利益的辩证关系。普遍

---

① 《马克思恩格斯全集》46卷(下),人民出版社1979年版,第471页。

利益不过是特殊利益的分离或者分工所造成的生产领域的特殊性进行弥合、缝合、统一的一种社会需要。

这种社会需要在原生形态的社会中是不存在的，因为在那里，人们是通过自己的共同体共同占有了他们的生存空间。而分工则使得共同体（社会空间）本身发生分裂，作为分工结果的所有制，特别是私有制正是撕裂原生共同体的新的共同体，这种私有制最后在货币中重建了属于自己的共同体（社会空间）。在货币重建这个统一的共同体（社会空间）之前，这种统一的任务是由作为上层建筑的国家来完成的。社会必要劳动时间与社会剩余劳动时间分别由不同的人占有，成了不同人的"生存空间"。商业与上层建筑分别代表了两个不同的社会维度。

商业建构的是货币共同体的社会空间，上层建筑建构的则是社会的政治空间，社会政治空间是对分裂的物质生活空间进行缝补的一种尝试。

社会存在与社会意识的分工，经济基础与上层建筑的分工，是由人们生存空间的分离导致的。正是这种特殊与普遍的分工，正是这种社会形式的分工导致了社会交往形式的分离，从而使得同一的社会自行遮蔽，在这种遮蔽中才产生出"没有思想的活动和没有活动的思想"。①

马克思认为"意识在现实的历史发展过程中通过分工而发

---

① [苏联]大卫·鲍里索维奇·梁赞诺夫：《德意志意识形态·费尔巴哈》，夏凡译，南京大学出版社2008年版，第47页。

展"①，但是，我们要区分分工的社会形式与物质内容。从分工的物质内容中，人们可以通过开拓更为广阔的生存空间来丰富人们的知识；分工的社会形式限制了其他人从事某一种分工，将人固定在单一的生存空间之中，从而在物质上限制了人。这种生存空间的固化才是分工的形式方面，而分工的形式方面正是对共同体的交往形式进行瓦解和颠覆，正是在这种对原生生产方式的瓦解中，虚幻的共同体——国家才建立起来，冒充一种分工之后的同一。最终，地产的私有制被动产的私有制所取代，被货币的私有制所取代，同时货币作为动产的私有制，打破了地产私有制中生存空间的特殊性和地域局限性，从而把自己建立为世界货币，因此资本作为突破了地域局限性的生存空间，就是以世界为基础的。

作为资本的货币本来就是人类劳动时间的物化，是积累的劳动时间。如果说原生形态的共产主义共同体是一种无遮蔽的生存空间，那也仅仅是建立在特殊的生存空间之中的、具有地域局限性的、束缚于血缘联系中的一种社会交往形式；在这种社会形式中使用价值本身充当社会形式，使用价值本身就具有社会价值。

在资本主义社会中，货币、商品虽然以遮蔽的、异化的、物化的形式冒充人类的生存空间，但是，这种生存空间已经脱离了自然的地域局限性，已经脱离了自然空间的束缚，同时也打破了人的血缘关系，这种生存空间本身就是人类劳动时间的积累，因

---

① ［苏联］大卫·鲍里索维奇·梁赞诺夫：《德意志意识形态·费尔巴哈》，夏凡译，南京大学出版社2008年版，第46页。

此是一种普遍性的、世界历史性的生存空间。

货币共同体只是在形式上弥合了人类世界的分裂，而没有真正建立人的世界历史性存在。或者说，货币只是建立了资本的世界历史性存在，只是从交往形式上，建立了人类生存空间的世界历史性，或者把世界建立为世界市场。因此，资本主义的一个任务就是打破一切局限性，架构世界性的生存空间，因此，表现为资本的自我革命，表现为资本不断打破自然和社会为其建立的局限性。资本作为积累的劳动时间，表现为人类的物化劳动时间，作为人类生存空间的自我改善。但是，个人的生命不过就是个人的活动时间和劳动时间，因此一方面人类积累的社会必要劳动时间越多就越富有，人类的生产空间就越丰富；另一方面人类积累的社会必要劳动时间越多则人类自由活动时间就越少，社会必要劳动时间的缩短就表现为人的自由活动的富有。在作为人类生存空间的死劳动时间与作为人类生命的活劳动时间之间的比例不断发生着改变，并通过资本一次又一次的自我革命，最终走向必要劳动时间不断减少、而人的生存空间不断变大的反比运动（资本本身具有缩短必要劳动时间的趋势）。在资本这种自我矛盾的运动一旦走向极限，就是资本自行消亡的开始，而个人则把自己变成了"资本"，变成了一个"向死而在"、能够支配自己命运的、有个性的个人，同时也在一种特有的维度中丰富人类共有的生存世界。这时社会本身就不再以一种遮蔽的方式来展开自身，而是自然界向人类生成的一种"在场"方式。

第二节　生存论历史观的内涵与价值

海德格尔通过对"存在"的生存论解读,以独特的方式解释了人的世界历史性存在。他认为一种世界历史性的经验在共产主义中被把握到了,并且强调在这方面,现象学无法跟马克思在同一层次上对话。这表明,海德格尔在跟马克思进行一种无声的交流,而这种交流正是体现在其生存论的历史观中。只不过海德格尔在用一种"诗意"的方式去"聆听"共产主义世界的天籁之音。

一、历史与世界的关系

历史之客观存在与历史之主观反映,不同于自然世界之客观存在与主观反映。自然界不是人类的创造物,人反而是自然界的产物。人类历史是人类的创造物,人类对历史的主观反映同时也参与到历史创造的整个过程中。因此,如果将历史科学作为一个客观的对象来研究则会陷入既是裁判员又是运动员的悖论之中。在历史意识与历史存在的这个悖论里,我们可以用历史的记忆与历史的存在之间的关系来概括。同时,人类历史研究还面对着个人与世界的关系问题。海德格尔所提出的生存论历史观,正是探索以上两个方面内在统一的一种尝试。

海德格尔的历史观表现为一种天命观，即用作为个体的"此在"的命运来聆听作为世界历史的"天命"。从"常人"的角度来讲，"此在"的命运在客观上就是个人一生活动的历史轨迹；在意识上，就是"此在"一生的记忆。

"此在"生命的死亡是一个"悬而未决"的终结，"此在"只能在这种死亡到来之前，让"死亡""终结"，先行向我们显现。也就是说，"此在"必须面对自己"必有一死"的"到时"。在这里海德格尔提出了作为个体的"此在的历史性"存在。这种"此在的历史性"跟我们刚才提到的观点完全相反。因为，我们所提到的个人的历史与记忆只是"非本真"的、"常人"的历史和记忆。在"常人"中，人"仿佛不得不只在事后才从涣散状态中聚拢自己，不得不为了聚拢而为自己发明出一种包罗万象的统一"①。按照海德格尔的说法，这种"常人"的历史观是一种在"死亡"面前的"逃遁"。人在"向死而在"的时候，就把自己的命运承担起来，也就不会从自己后来的记忆、回忆中去"聚拢"这种统一性。他说："此在作为命运始终把生与死及其'之间'都'合并'在其生存中……即为其当时处境的世界历史事物存在。……自己直接地带回到在它以前曾在的东西，亦即以时间性绽出的方式带回到这种东西。"② 在此，海德格尔对历史与历史意识之间的悖论关系做了比较精彩的生存论解答。他把上面提到

---

① [德] 马丁·海德格尔：《存在与时间》，陈嘉映、王庆节译，生活·读书·新知三联书店2006年版，第116页。
② [德] 马丁·海德格尔：《存在与时间》，陈嘉映、王庆节译，生活·读书·新知三联书店2006年版，第441页。

的"历史记忆"作为"常人"的"遮蔽"性问题取消掉，然后把人的意识与历史存在的关系问题转变为生存本身的问题。但是，作为个人的"此在的历史性"与世界是什么关系呢？如其所言，作为个人的"此在"的本真生存，在其"持立状态"中，人本身就生活在"世界"之中。也就是说，他把历史的时间性问题空间化为世界问题。但是，海德格尔所谓的世界似乎把物质给"阉割"掉了，似乎只是"因缘整体性"的世界，只是"意义""价值"的世界。

一般来说，意识跟语言是联系在一起发生和发展的，而且人就是通过语言来记忆的。但是，最早的语言绝不具有一种清晰的意义。我们可以看一下卡西尔在《语言与神话》中讲到的"语言"的多样性，这种语言不再局限于作为话语的语言中。海德格尔在《存在与时间》中特别提到了这位新康德主义者卡西尔，并且表示，他们两人在一次座谈会上，一致认为对人的意识进行生存论分析是必要的。海德格尔的"用具""指引""标志"等概念就是用来揭示前语言中的语言，即存在于世界中的语言。

其实，我们中国的《易传·系辞》中讲得很明白："书不尽言，言不尽意……圣人立象以尽意"；还说"不可为典要"。这就说明我们古人已经意识到，不能仅仅将"意义"局限在作为语音和文字的语言中，"语言"还存在于生活的日常事物以及自然现象之中。也就是说，人的意识不仅仅跟语言这种"物质"相关联，更与其他的自然现象、日常事物等"物质"符号相关联。作为语音的语言只不过是作为一种最自由的物质语言而已，其他的自然物质和社会物质则是一些束缚着的"语言"。自由在这里的意思是向人而敞开的意思。当然，物质的自由是一个不成立的命题。但是，当我们把自由加在物质前面来限定物质的时候，所要表达的正是自然向人类的生成这样一种唯物主义思想。也就是说，作为劳动产品和劳动工具的物质比自然界中没有价值的物质更为自由，而用"语音"或者"文字"这些"物质"明确表达出来的这种关系，又比劳动产品更为自由。从这种意义上说，我们的生产工具与劳动产品就是一些被束缚的"语言"，这种"语言"如果我们学会了"聆听"就能"道说"他们的"存在"。如果说"语言是存在之家"是对的，那么我们就不能局限在我们的日常语言之中，而要深入到作为自然与社会的世界语言中去。如果说人是一种"诗意的栖居"是对的，这种"诗意"绝对不仅仅是诗人和艺术的"诗意"，而且更应该是人的"筑造"的"栖居"，正如海德格尔在《筑·居·思》中表达的，我们可以在天、地、神、人的四重聚集中"诗意"地"栖居"。（中国的《易传》所传达的正是这种无处不在的"语言"）

二、生存空间与生活世界

上面我们提到了作为"世界"的语言，海德格尔正是在这种意义上来建构自己在《存在与时间》中的世界。因为，世界之为世界就是在于其在因缘整体性中，只有在这种因缘整体性中，"世界"才有"意义"，才可以被人所"领会"，成为可"解释"

的生活世界。

那么这个世界是怎么来的呢？海德格尔是通过"使用价值"来构造的。但是海德格尔在构造"世界"的时候，把他那有广延的、空间性的物质留给了笛卡尔。这是我们世俗中所理解的物质的自然世界，而把抽取了物质的"使用价值"之抽象的因缘整体性留给了生存论的世界。他说："恰是笛卡尔的'世界'分析才使我们得以稳当地建设起当下上手事物的结构，这种分析只需要举手之劳，把自然物补足为充分的使用物就行了。"① 正是海德格尔在这里的"举手之劳"，阉割了人类生活的"无机身体"和自己的"肉体"的实在空间。也正是这种"阉割"使得海德格尔自己承认《存在与时间》中所提出的用生存论来建构的存在论的尝试无果而终。

海德格尔不承认辩证法，但是在海德格尔的思想的发展过程中，无意识地建构了自己的辩证法。我们必须把这个辩证法揭示出来，才能更好地解决我们所提出的以上问题。首先，海德格尔在《存在与时间》中分两个部分进行了论述，第一部分主要是一种"此在"的"空间性"建构，主要讨论"此在"作为并无此人的"常人"，在世界中"沉沦"地展开。第二部分是一种"时间性"建构，主要讨论此在之作为"个体"在世界中"本真"地展开。但是，正如海德格尔在《时间与存在》的演讲中所提到的，他试图将"空间"解释为"时间"的尝试是错误的。因此，

---

① [德]马丁·海德格尔：《存在与时间》，陈嘉映、王庆节译，生活·读书·新知三联书店2006年版，第116页。

海德格尔在后来思想的转变中有一种"空间"的复归。如果说第一个"空间"是正题、第二个时间是反题，那么第三个"空间"则是合题。这种回归从整个海德格尔的思想发展来看是比较明显的。正是在第三种"空间"的展开中，他重新给予了自然"物质"世界以"本有"的地位。在这里，这个物质自然之"本有"会"赠予"，会"自行抑制着"地"让"此在"居有"。

海德格尔提出了世界不在空间中，当然流俗意识中世界在自然空间中，但是，海德格尔所指称生存论的空间则在世界之中。我们从唯物主义生存论来看"世界"与"空间"是同谓异名。这是因为海德格尔把空间理解为个体的意义、价值空间了，而没有把他理解为"公共空间"，人类生存的公共空间正是此在"在世界之中"的空间。海德格尔认为此在首先是"常人"，也就是说一个"异化"的"他者"。"他者"所提供的空间正是公共的"社会空间"。但是，海德格尔没有提到这种作为"他者"的空间，他只是从个体的意义上去理解"空间"。因此，他就从个体生存论的角度用"去远""定向"等来把握"私人空间"。如果"去远"与"定向"使用得正确的话，应该是作为"常人"，或者与他人共在之"此在"去创造和设定人类共同的生存空间，即生存世界。但是，海德格尔只是把生存世界理解为个人的"周围世界"，人类的周围世界就是天、地、人之三才。

他为什么会刻意把这个问题回避呢？因为海德格尔凸显了人的"个性空间"。这跟后面的论述有关，不然空间就不能被还原为时间了。在《存在与时间》的第一部分中，"此在"作为"沉沦"的"常人"非本真地、与他人在世界中共在；同时在第二部分中，又用"向死而在"的个体的"此在"来作为人的本真存在。在本真存在中，此在的"空间性"转变成了"处境"和"到时"这样一种生存状态，从而也就否定了"本真存在"的空间性问题。其实人的"本真存在"只能在"个体"的世界中存在，而没有一个与他人共在的本真世界存在。尽管，海德格尔试图言说那种本真之"共在"，但是他又否定有一种世界良心这样的存在。因为，只有个体才能"向死而在"，因此，海德格尔陷入了前后矛盾。

正是海德格尔前期把"共在"作为一种"沉沦"的维度来揭示，而把"独在"作为一种"本真"之在来把握，才使得他在人与人的关系的维度上陷入了自相矛盾。在他看来，人存在的"澄明之境"似乎只能是从与"他人"之"共在"的争夺中才能够彰显出来。如其所言，真理具有一种"褫夺"的性质，只能是争而后得。但是后来他转向了对"空间"的探索，正是在这种探索中，他指明了一种与他人"在世界中""共在"的"栖居"之澄明。

三、"栖居"的历史意蕴

海德格尔所说的"无家可归"，反映的正是无产阶级在自己身体中抽象地存在着的劳动可能性、劳动时间、主观的抽象生产力。因为，工人、无产者失去了自己的劳动条件，他们的所有财产就是自己的劳动能力，一种抽象的劳动时间，一种没有对象的劳动时间，一种没有对象之广延的、失去了自己生存空间的纯时间。因此，海德格尔的"时间"所揭示的正是这样一种"生存时间"。

从被动、消极的方面来看，这种"生存时间"是无产阶级的劳动时间的抽象存在。但是，从积极、能动的方面来看，资本主义社会的人的存在状态，为共产主义社会人的存在方式提供了基础。正是这种"生存时间"的阐明，向我们揭示了在共产主义社会中人民群众作为自由的个人，才"本真"地成为历史的创造者，因为他们成了自己命运的支配者。海德格尔还通过良心、畏、决心、承担"向死而在"的"本己性"，揭示了一种有个性的人，即人对自己本质的占有的一种历史使命感。

当然，海德格尔本人并没有从资本主义与共产主义这两种不同的生存空间的人的存在状态来入手，去理解人的本真存在。因此，他对"此在"之本真的时间性分析，一方面揭露了资本主义无产者在失去自己生存空间的情况下的"抽象"可能性；另一方面又揭示了个人在共产主义社会中的存在的历史性，即：承担起自己的"命运"。在异化世界中，这种命运有一种焦躁的"畏惧"感。因为，作为外在必然性的"常人"的命运把个体内在的需要的"命运"撕裂为事后的聚拢。而在共产主义社会，"命运"的内涵则具有"聚集""此在"于天、地、神、人于生存空间之中的"栖居"感。

在唯物史观中有一个非常关键的论点就是人民群众创造了历

史，人民群众是历史的主体。但是，如果我们仅仅看到了社会存在，而忽视了"自由"这个关键问题，也就忽视了历史的自觉主体的问题。群众并不是"自觉"地去创造历史，而是自发地去创造历史。因此，群众总有一种被"命运"支配的压迫感和畏惧感，而没有支配命运的从容感和栖居感。

在异化的世界中，历史的自觉主体并不是群众，而是上层建筑中的公共人格，也就是历史法人。正是这些人能够把历史的公共使命担当起来，成为历史的集体人格的代言人。而海德格尔所揭示的"个人"的"命运"与世界历史的"天命"只能由这些人物才能担当起来。但是，"常人"之作为普通的一员则没有这种自觉的"向死而在"。"群众"就是"常人"，"群众"也是普遍的人，不是具体的有个性的人（他们的命运被资本支配，而不是他们支配了自己的命运）。在未来的共产主义世界中，正是要消灭"群众"普遍的、无差别的抽象性。

在前资本主义社会中，没有"小人物"的历史记忆和历史记录，所有的历史记录和记忆都是王侯将相或才子佳人。小人物的历史不是"正史"，只是作为文学形象中的"风景"。在资本主义世界中，不仅仅没有小人物的历史记忆，连民族的历史记忆也在被抹去，不然日本怎么会否认南京大屠杀、慰安妇，他们为什么拒绝担当？世界历史的记忆难道没有一个世界的良知吗？民族历史的记忆难道没有一个民族的良知吗？他们的良知何处寻找呢？难道日本的经济停滞让他们民族良知"绝望"了吗（历史虚无主义之滥觞）？因为，"资本"变成了当今世界历史的主体，而"资本"不过是"死劳动",现在的世界历史之所以有虚无之感,是因为,每个人都是被"资本"的"天命"所支配下的无产者。如果要书写一部近代历史,绝对没有纯粹的民族史。在近代的民族史中,资本的回声无处不在,近代史作为一种记忆只能是"资本"书写的世界史,是用"物"来记录的世界史,这正是《资本论》作为一部伟大的历史作品的不朽之处。而共产主义社会的历史记忆和历史记录必然是有个性、自由的个人命运史。

像英雄一样"自信人生二百年,会当击水三千里"的人又有几个呢?但是,英雄并没有"栖居"于"闲庭信步"的家园之中,而是奔波在革命的大地之上,也许他们以"大地为家"吧,也许只有"诗"才能让伟人忙里偷闲,稍做"栖居"吧!但是,海德格尔所说的"向死而在"之"本真生存"太匆忙、太躁动,以至于"太累",太操心、太操劳。在异化的世界中,只有这种躁动、匆忙、操劳才能把本己之我从"常人"的"沉沦"中抽拔出来,去聆听世界历史的"天命",让天、地、神、人聚集起来。

只有在未来的共产主义世界中,在人类共同"占有"了"大地"的空间生产力之后,才能在"天、地、神、人"的四重聚集中"居有"这个世界。正是在这个"居有"的前提之下,"常人"本身变成了"家人",因此也就不再有所谓的"沉沦"。人之"沉沦"为什么会发生呢?难道不是因为分工和私有制吗?在分工的世界中,人类的生存空间是分离的,因此,生活世界也是割裂的。在分裂的生存世界中,人类只是借助了交换价值、货币才能把世界缝合在一起(庄子说:"道为天下裂"),但是我们又渴望一个"无所不知"的"常人",而这种"无所不知"只能从超出分工之共在的"日常语言"中去聆听。于是,世界就向一部分人遮蔽起来,向另一部分显露出来。

在信息爆炸的时代,不计其数的专业术语只有"常人"才能听懂。当今社会对世界历史的记忆正是在每天的新闻中播放,但是我们有几个人能够听懂新闻到底说了什么呢?也许只有"无所不知"而又"一无所知"的"常人"能听懂说的是什么吧!为什么明星八卦成了"常人"聆听的世界,就连2016年美国总统辩论演讲也成了无聊的"八卦"?因为,"八卦"离"常人"最近。如今个体之自由作为"被动自由"者居多。因为,人类还是被命运所驱使的个人,是偶然的个人,而不是主宰自己命运、创造自己命运的个人。

人类要支配自己的"命运",必须用历史形成的、内在必然性的需要,代替自然的、外在必然性的需要。但是,现代人逃避内在必然性的需要。在《逃避自由》中,弗洛姆所表现的正是现代人对自由的回避。他们"畏惧"自己的"命运","畏惧"自己的"选择","畏惧"聆听和承担个体的"使命","畏惧"书写本己的"历史","畏惧"面对自己的历史性、超越性存在。因为在资本的异化中,人们已经习惯了听从资本的"摆置"和"摆弄",已经习惯了"被存在",已经习惯了"寄宿"于"常人"的"无所不知"而又"一无所知"的奴隶状态。现代人没有学会"主人"的自由,他们不能把自己的"过去"传承下来,从而也"畏惧"担当自己终有一死的未来。他们不能在自己的"个性"

中逗留。因为,"资本"将他们赶出了"家园"。他们不能"居有"和"占有"自己的本质、家园——他们的生活条件就是他们的家园。马克思说所谓的财富不就是个人发达的生产力吗?不就是个人能力的发挥吗?也就是说,人之历史性存在、人之超越性、个性存在不就是对自己天赋的充分发挥吗?但是,人之"才"被人之"财"所支配,而人之"财"只不过是人类的生活条件。因为,人类正在为"建构"共有的家园而操心,正在为了把大地(生存空间)架构为一个家园(世界生产共同体)而操劳。

第三节 关于"时空整体性"的唯物主义解析

人类用时间度量生命,也用生命度量时间。生命就是时间,抑或时间就是生命?时间的长度是无限的吗?时间的整体是怎样的?人类历史与时间是什么关系呢?海德格尔用生存论的时间解释了"世界历史"的问题,为我们理解生命、时间、历史之间的关系开启了一个新的思考维度。而对海德格尔所说的"本己""独在"的时间进行分析和批判,将会揭示出作为"共在"的"常人"自行遮蔽和祛蔽的过程,就是人类社会形式的自行展开过程。历史本真的人类生存时间,即社会必要劳动时间,是人类生命活动的社会性、共同性,也标示出历史观在唯物主义维度上的时间内涵。

人的生存空间作为化归己有的生活世界时是被分裂的还是融为一体的，是自人类诞生就始终如一的还是随着历史的发展不断拓展的，自然空间在何种意义上生成为人类的生存空间，又在何种程度上成为个人的生活世界，这个世界作为一个隔离的世界是怎样决定了人的命运，个人的生活世界与个人的命运的关系又是怎样的呢？

一、命运与历史的主体

海德格尔在《存在与时间》中，提到了"向死而在"的格言，从而提出了"此在"的"时间整体性"问题。如果用时间度量生命，"向死而在"就是"生死之间"的时间长度。如果用生命度量时间，"向死而生"就是人的本真存在，也就是个人把生命的"时间的整体性"给承担起来。海德格尔所讲的本真存在是"后者"。用时间来度量生命反映了"常人"在逃避"终有一死"的过程中，形成的一种遮蔽。海德格尔认为只有"向死而在"的"此在"才能够有"命运"，而"常人"作为随波逐流的"此在"是没有"命运"的。因为"常人"在自己的"终有一死"的人生终极性面前逃遁了。他们躲避到"常人"之共浮共泛的"世界"中。

其实，海德格尔只是将主体与命运的关系做了另一种表达。人们经常提及性格决定命运或者命运决定性格。在海德格尔的思想中，"性格"或者"个性"还不存在，因为人作为"此在"只是一种"能在",一种"潜在",只有对人生的"终点"有所承担,才能下"决心""去存在"。因此,性格与命运的二元对立就被海德格尔给"抹杀"了。正是通过"此在"对人生时间整体性的自觉,人成为"历史性"的存在。"常人"则是"非本真的历史性",即我们日常时间意识中的历史性。因为,"常人"是"被存在"的。

在海德格尔的思想中,"常人"是"此在"的集体性、共同性、社会性的表现方式;而"本己"则是"此在"的个体的、个性的、自由的表现方式。前者是遮蔽的,后者则是本真的。只有在"本真"的存在中,人才能有"命运",其"命运"就是其"个性",因为命运本身,就是人的自由和个性的表现,只有这样的"此在"才是"历史性"的存在,才是"演历"着自身的自由存在,这种向个人所敞开的世界是一种本真的世界。海德格尔说:"世界历史……就世界与此在的本质上的统一而意味着世界的演历。"[①] 正是在这种意义上,海德格尔才说:"在历史上可以确定的是:一种对世界历史性地存在着的基本经验,在共产主义中表达出来了。"[②] 这种基本经验从静态的生存空间的角度来理解比较容易,比如马克思在《关于费尔巴哈的提纲》中提到,旧唯物主义的立脚点是市民社会,即私有财产的社会,是人限隔于人类社会之中的生活世界,是彼此封闭着和遮蔽着的人性和本质。而新唯物主义的立脚点则是人类的社会化或者社会化的人类,在

---

① [德]马丁·海德格尔:《存在与时间》,陈嘉映、王庆节译,生活·读书·新知三联书店2006年版,第439页。

② [德]马丁·海德格尔:《路标》,孙周兴译,商务印书馆2000年版,第401页。

这样的敞开的生存空间中，人本身已经是一种世界历史性的存在。从动态的时间维度则相对复杂，例如，在《德意志意识形态》中，马克思就曾提到过生产力与交往形式的关系就是交往形式与自主活动的关系。从历史的整体过程和生产力的角度来看，每一个"个体"都是自由的。但是，从历史的社会形式和生产关系的差异来看（即海德格尔所说的"常人"），则不是这样。马克思指出人类最早是以集体的形式出现，社会形式上的自由个体只是历史发展的产物。

历史的物质主体是每一个自然人，但是历史的自觉主体，最早是以共同体的方式出现的。比如黑格尔在《历史哲学》中讲到，在亚细亚生产方式中，则知道一个人的自由；在古典古代的生产方式中，则知道一些人的自由；在日耳曼生产方式中，则知道所有人的自由。马克思则是从所有制的角度讲这个问题，在亚细亚生产方式中只有集体所有和个人占有；在古典古代生产方式，私人财产以共同体的财产为中介；只有在日耳曼生产方式中，私人财产才获得了自由存在，它们才不表现为共同体，而表现为私有财产的联合。在这里历史的自觉主体在亚细亚生产方式中只是一个人，这个人代表着共同体；而古典古代世界中的自觉主体则是贵族；在日耳曼世界中则是那些私有财产的所有者们。正因为共同体是财产的所有者、支配者，共同体本身对个人是起着支配作用的，所以共同体本身才作为历史的自觉主体存在。这样共同体对其中的个体就表现为"命运"。在亚细亚生产方式中，个人表现为一种普遍的奴隶性、服从性。这跟西方奴隶制中个人服从主人的命令不同,这种普遍的奴隶制表现的是人对命运的服从。从另一个角度来讲,又可以看作个体对于"天命"的聆听。从这种意义上讲,在这种普遍的奴隶制中,人们反倒可以获得一种诗意的"栖居"。

黑格尔的自由和马克思的私有财产,从辩证法的角度来看,都是表现了个体性原则、具体性原则、统一性原则,总之是自觉性原则。海德格尔所讲的"本己"只是黑格尔的自由,是马克思的所有制的另一种表达方式,这种个体化原则在海德格尔这里表现为个体的命运。

二、生存时空的辩证关系

人不仅作为个体存在,而且也是一种社会存在。作为一种社会生命,他的个体的命运只有在一定的社会形式中才能与自己的个性自由相统一。但是海德格尔把个人的命运作为个人的本真存在,从而忽视了社会存在的历史形式。

海德格尔把人的"沉沦"揭示为人对"死"的遗忘。人在沉溺于其上手的事物时,把自己的生命活动投入世界之中,被世界吸走。海德格尔寄希望于人对自己生命"浪费"的"自责",让人的良心唤醒我们对"此在"有限性的珍惜,让我们好好地谋划一下自己的活动,从而下"决心"去做一个真正的自己。而这个真正的自己就是具有"本己"的"时间统一性"的自己。这种时间统一性的自己从其活动方面看,就是人们前期的活动与后期的活动要有一个有机统一性，不要像工人一样，整天被抛进一些没有什么意义的工厂之中。

在工人的生活中，过去的活动与现在的活动，以及将来的活动，只是从失去自己"生存空间"的"失业"状态过渡到另一种获得自己"生存空间"的"就业"状态。整个过程的有机性，并不在个人的"决心"和"良心"之中。他们的活动根本就是"偶然活动"的凑合、"集置"。无产者在这种"无家可归"中，被资本主义的失业规律从一种生存空间抛向另一种生存空间，其中根本就没有所谓的"决心"，而完全是"被决心"的，被资本"决心"了，资本就是工人的"命运"。

在马克思看来，财产就是人类的生存空间，私有财产是个人的生存空间，公有财产是共同体的生存空间。资本本来是人类的生存条件，是人类生存的"普遍空间"。但是，事实却是资本成了个人命运的主体，而工人则是作为资本的使用价值被随意"配置"，使得工人的劳动力成了资本的生存条件。这是因为，工人的"生存空间"，即生产条件被剥夺，处于"无家可归"的状态。原始共产主义的"生存空间"是具有地域局限性的。只有到了资本主义社会，资本本身才完成了人类"生存空间"的普遍化。但是，资本是以异化的形式完成了人类"生存空间"的普遍化。资本作为积累的人类劳动时间，它代表的是人类劳动时间的整体存在；而个体的劳动时间，即海德格尔所讲的"此在"的"命运"则被作为人类劳动时间的物化表现的实体所支配。因此，资本成了"命运"，作为"此在"的工人则只能"被存在"。

从社会文化现象来看，每个世界都不会草率地对待死亡。"死亡"是一种典型的文化现象，它所揭示的不过就是对生活世界的"终极关怀"。每个时代，都有自己民族的、集体的"向死"而在。基督教的"世界末日"和佛教的"涅槃"都是某种追求的"终点"，在这些宗教世界中，我们都看到了一种"时间的整体性"意识。但是，这些时间整体性意识都以一个异化世界作为归依。需要彼岸世界为"末日"提供一个生存空间。海德格尔也是如此，只不过他不再需要一个"世界的末日"。他直接把人的"此在"宣布为"有末日"的。为了给这个躁动的"此在"提供一个安居之所，他把宗教所许诺的"极乐世界""天国"，转变为"语言"，并声称"语言是存在之家"。在这方面他与黑格尔有类似之处。只不过在黑格尔哲学中"逻辑"成了"存在之家"。但是，黑格尔哲学中的宗教性不再期许"将来"的末日，而是把"现实"本身界定为"合理的"，因此也就不再需要"将来"，结果现实本身就成了"末日"。正如海德格尔所说，"精神与时间被委弃于形式存在论的和形式确证的最空洞的抽象"[①]。

黑格尔的"时空整体性"观念，表现为逻辑学的形而上学化，表现在唯心辩证法和历史意识之中。黑格尔的时间观明显依赖于空间观，是时间的空间化表达，也是空间的时间化表达。逻辑范畴在黑格尔这里，表现为"存在"，它是精神的"生存空间"，也就是说，"逻辑范畴"＝"存在方式"。但是"逻辑范

---

① ［德］马丁·海德格尔：《存在与时间》，陈嘉映、王庆节译，生活·读书·新知三联书店2006年版，第491页。

畴"是一种具有决定性意义的"意识形态"。这种"异化"本身又是"主体",这种实体即是主体的表现方式,就是时间与空间的辩证转化,时间就是劳动,就是精神劳动,空间就是精神劳动的产品,就是各种逻辑范畴。这在《法哲学》中,表现得最为明显,正是因为这样,马克思才气愤地说这是什么"法哲学",完全是逻辑范畴的转变为"存在"的神秘主义,因此才表现为"非批判的实证主义"。非批判的实证主义就表现为"存在的就是合理的"的奴性顺从。

在《哲学史讲演录》中,可以明确地看到任何"意识形态"作为某种时代的哲学范畴,都为自己的历史寻求一种"终极"解释。而这些"终极解释"本身就表现为"非历史"的,正是从这些"终极"的、遮蔽着"时间整体性"的、"非历史"的"存在论"中,黑格尔完成了一个贯穿所有历史的意识形态,即黑格尔的唯心辩证法。"绝对精神",是"终极性"的唯心主义表达。因此,一切都在"绝对精神"的运动中复归平静。在《历史哲学》中,黑格尔坚持认为,精神在空间上有一个绝对的东方作为起点,又有一个绝对的西方作为终点,因此日耳曼德国终结了世界历史。所以,一切到了黑格尔这里就结束了。正是这个历史的"终结"限制了黑格尔辩证法面向未来的能力。他的哲学"活在当下",面向"过去"。因为,面向"过去",所以,"现在"的一切都是合理的,都是现实的。他的哲学根本上就缺少未来的维度。

从空间上看,黑格尔局限在民族地域性中。他认为,市民社会中的矛盾的终极解决方法就在国家之中。他的哲学从不面向"世界"。他是一个民族主义者。只有马克思的唯物辩证法，才自觉地突破了这种地域局限性，才从根本上展示出人类的社会化和社会化的人类，即人的世界历史性存在。

三、关于"时空整体性"唯物主义还原

马克思对时空整体性的理解有两个方面，一方面是作为人类自身历史的整体性，另一方面则是作为空间整体性的人类，即人类的社会化存在。第一个方面注重过程，第二个方面则是过程的结果。马克思认为人类还"不存在"，我们的"历史"不过就是我们从"准人类"向"人类的完成"的过程。这就是马克思在《关于费尔巴哈的提纲》中所提到的"人类的社会化"，或者是"社会化的人类"的表达。我们现在所讲的"人类"概念是从"生物学"角度所做的认定。其实，人类还没有从"社会"上生成，我们生活在不同的国家，有着不同的民族性。我们现在还处在"民族人类学"阶段，还没有发展为"社会人类学"阶段，"世界公民"现在"并无此人"，我们的历史就是人类的"社会化"过程。因此，马克思历史观中的"时间整体性"奠基于空间局限性的"终结"。

在《资本论》中，马克思把劳动的社会必要时间界定为"社会存在"的实体。"社会存在"的形式最初是家庭，然后是氏族、民族，最后走向人类的社会化。这是人类交往"空间"不断自我

开放的过程。马克思一再提及地域局限性的"共产主义",一再提及共产主义就是"交往形式的自我实现"。在共产主义的世界中,社会存在无非就是"时间整体性"的自我展开状态。但是这种自我展开既有遮蔽,也可以本真存在。马克思把人类本真存在的"时间整体"揭示为社会必要劳动时间。但是,我们知道这个社会必要劳动时间是一个"变化的量",而这个"变化的量"在一定的"空间"中形成。它作为物质空间,就是人们生存于其中的"使用价值";作为形式空间,就是我们生存于其中的、与人"共在"的社会关系和社会形式。社会必要劳动时间就是"生产力",一种"能在"的"在此",而社会形式与使用价值就是我们"在之中"的"所在"世界。就"形式空间"来说,就是族群、氏族、胞族、民族、世界货币、自由人联合体的人类。就生存的物质空间来说就是"工具",一种是"自然产生的生产工具"(地产),另一种是"文明产生的生产工具"(积累的劳动时间),最后就是共产主义的工具。它是不再作为工具的工具,因为,他们是一种能够自己生产的工具,这种工具以类似于自然界的方式,需要很少"必要劳动"就能为我们提供很多使用价值,丰富我们的物质生活。在人类发展的过程中,人类社会并不存在本来的"遮蔽"。遮蔽即社会形式只是人的物质活动自身进行的"展开"。在展开中的"异化"是最为原始的"遮蔽",正是"私有制"把人的生产条件跟人的生活进行了最初的"分离",而这种"分离"又把人的生活切割为"私人"生活与"共同"生活,正是私人生活被"封锁"在私有制的社会空间中,我们对社会的公共空间才觉得神秘，我们才去追求这种"整体性空间"。同样，正是在资本主义时代，人们除非对生产工具，从而对整个社会关系不断进行"革命"，否则资本主义就不能存在下去。一切时尚还没有固定下来，就已经过时的文化不安，促使人们去寻求这种"时间的整体性"，正是在这种资本主义的自我"革命"的变动不居中，我们才希望在"时间整体性"中去寻求一个终点。这与福山所讲的资本主义是一种"历史的终结"相反。这正表明资本主义的"暂时性"、历史性。

只有社会必要劳动时间从历史中自行退出，才能让自由劳动时间作为人的生存基础而存在。只有在这个时候，人类异化的、自我遮蔽的历史才会"终结"，人才达到了自己的类本质，人才成为世界历史性存在，从而开启真正的、人类的、个体自由的历史。

第四节 海德格尔生存论时空观的局限性

海德格尔哲学具有某种唯物主义成分。因为，他特别关注人的生存状态，使用了很多物质实践用语，也注意到了人类社会的形式差别。如其所言，因为原始民族较少遮蔽，所以他在建构自己的存在论的时候，就按照原始民族的生活来制定方案。即便如此，他依然不是一个唯物主义者，因为，他在阐述人的本真存在的时候是从个体的"本己"方面入手的。因此，从根本上说，他的阐述没有世界的解放，只有个人的解放，他的世界解放也是作为个人世界的解放。他之所以无法揭示公共世界的解放，是因为他只是用阐释学的思想来祛蔽，而不是用革命的实践来阐释。

在《存在与时间》的第一篇中，海德格尔让世界通过作为常人的此在之共在的"操劳"，让世界在"空间"中展开。但是，此在是谁呢？此在首先并不是个体，而是"常人"，常人是"无此人"。也就是说，世界的展开首先是作为一种遮蔽的展开，这种遮蔽的展开是在此在之共在的上手中展开的。在第二篇中，海德格尔让作为个人的"此在"之"自在"从对个人命运的"操心"中作为时间展开。前者展开的世界是遮蔽的世界，后者展开的世界是本真的世界。在第二篇的最后，海德格尔试图重新将世界界定为"世界历史"。把共同体的命运、世界的共在的历史界定为天命，即本真的共在。但是始终不能弥合"共在"与"自在"之间的缝隙。

一、海德格尔生存论存在论建构的二元论倾向

海德格尔为了防止主客对立，他引入了"在世界之中"，即人本来就寓居于世界，世界与人本来就是一体的。在叙述人与世界是一体的建构时，按照他自己的说法，是依照原始民族的社会来制定方案的。但是，在人与世界的共在中，人是"沉沦"于世界中的，为了让人能够本真地去在，他使用了"褫夺性"这个术语，即把个人从与世界的同一中强行剥离。这种剥离本来是由历

史发展的分工导致的分离,特别是在资本主义社会中,人的世界与人的生存发生了分离,但这是由资本与劳动的分离所造成的。海德格尔则用"本己"的"向死而在"来揭示个人的生存。在他对此在的操劳的阐释中,明显具有"知行合一"的设定,他认为"行可兼知"。但是这种操劳中的"知",是一种自在的价值或者意蕴,为了使得人沉溺于其中的"知"彰显出来,他必须设定一种分裂,这种分裂就是不触目、不称手等词语,是让人从上手事物中脱离出来的一些褫夺性术语。

海德格尔的二元论表现在哪里呢?首先是"此在"与"世界"的二元论,其次是"时间"与"空间"的二元论。只有"在之中"分裂为"此在"与"世界",才能使原始的同一得以显现,海德格尔用"褫夺性"来表现这种分裂。海德格尔对存在论的建构是围绕着"此在"的人展开的,从"此在"的角度来看,在操劳中,"此在"通过"上手"之"用具"与周围世界结缘,这样就构建起"此在"的"生存空间",但是这些"用具"以及"用具"所指向的存在者是怎么得到规定的,也就是说作为"此在"的人生活在哪里呢?我们只能说生活在环境中,这个环境可以是物质的、自然的、社会的等。海德格尔把此在生存的环境分为三个层次:第一,由上手状态之"去远"而规定"生存空间",也就是"周围世界"。第二,"去远"的"远"是哪里呢?这个去远的"远"就是"那里",就是"彼此"之"彼",这个"彼"就是"场所"。第三,就是"世界"。

但是,我们看到在"准备性的此在基础"第一篇中,"此在"

跟"世界"之间有了一个"空隙",这个"空隙"表现为"此在"是一个虚无的无规定性,从而可以规定一切;而"世界"则是一种纯粹的可能性,它给"此在"以不同方向,给"此在"以空间。因为这个"世界"就是所谓的"在一切上手事物中,世界总已在此……世界总已先行得到揭示"①。于是,我们发现海德格尔的这种"此在"与"世界"的二元论,就如同黑格尔在《逻辑学》中,对存在的两种规定性,一个是"纯无",一个是"纯有"。在海德格尔这里,此在是"纯无"、是"虚无",而世界是"有"、是"实"。

那么,海德格尔为什么要选用这两个"方面"来建构自己的存在论呢?在第二十节"世界这一存在论规定的基础"中,海德格尔把"存在"与"世界"联系起来。但是,海德格尔认为,"完全不需要其他存在者而存在的东西就在本真意义上满足了实体概念……那就是上帝"②。因此,在海德格尔的存在论建构中,作为一无所有的人的"此在"需要一个什么都有的"世界",而作为什么都有的"世界"也需要一个一无所有的"此在"。于是,海德格尔说:"这种分析只需举手之劳,把自然物补足为充分的使用物就行了。"③也就是说,作为一个被需要的世界,作为生存论的世界,世界只是一个使用价值的世界。

---

① [德]马丁·海德格尔:《存在与时间》,陈嘉映、王庆节译,生活·读书·新知三联书店2006年版,第97页。
② [德]马丁·海德格尔:《存在与时间》,陈嘉映、王庆节译,生活·读书·新知三联书店2006年版,第108页。
③ [德]马丁·海德格尔:《存在与时间》,陈嘉映、王庆节译,生活·读书·新知三联书店2006年版,第115页。

但是，如果海德格尔如果真的从"使用价值"来建构世界的生存论内涵，就不会产生二元论了。可问题并没有那么简单，因为，作为使用价值的世界讲到使用价值的"共性""实体性"，或者用马克思的话说，使用价值的"社会属性"。在这里海德格尔将其理解为"因缘整体性"之为世界，也就是世界的"意蕴""意义"的整体性。这里的问题就牵扯到世界不仅仅是一种抽象的"因缘整体性"，而且也是"因缘整体性"从哪里来、到哪里去的问题，即世界的历史性问题。这是在《存在与时间》的第二篇中，海德格尔对世界的一种补充性说明。现在暂且搁置这种补充，首先从海德格尔在第一篇中的思路来看海德格尔是如果解决这种二元论的。

二、关于"在世"分析的唯物主义还原

"在之中"是海德格尔用来解决这种二元论的一种尝试，而且"在之中"是"此在"与"世界"的缝隙中所建构的"桥梁"，这个"在之中"所揭示的就是周围世界，即生存论"空间"。这个空间就是"世界"之存在通过"此在"的展开方式。此处，海德格尔抓住了"存在"的根本。如果海德格尔把"在之中"作为他生存论建构的前提的话，就不可能有这种二元论的分裂的危险，但是他只是把"在之中"作为一个解决的途径（空间展开，展开的空间）。因此，他在这种解决中走向了阐释学之路，而不是唯物主义之路。后来他则在《人道主义的书信》中对此做

了进一步的反思。他说:"无论是现象学还是实存主义,都没有达到有可能与马克思主义进行一种创造性的对话的那个维度。"① 而海德格尔虽然已经进入了作为"使用价值"的世界存在,但是,他对使用价值的"世界性""存在性""共同性"做出了一种与唯物主义相偏离的解释,因此他只能游走在唯物主义的边缘。因为他的理论旨趣是"面向事情自身"的思,而不是改变世界的行。

海德格尔认为"在世"之在有两种。一种是"在世"之"自在",还有一种是"在世"之"共在"。前一种是本真状态,后一种是非本真状态。但是,本真状态是非本真状态的一种生存论派生方式。因此,海德格尔还是把"在世"之"共在"置于一种优先地位。这也正是海德格尔的高明之处。同时他认为,"世界"之为"世界"不仅仅是作为使用价值的物质世界,同样还包含着这个作为使用价值的"社会性",这个社会性通过"与他人共在"得以揭示。他是这样说的:"他人这种先行以共在组建起来的展开也参与构成意蕴,也就是说,也参与构成世界之为世界。"② 因此,"常人"就是世界。但是,海德格尔在这里区别得不够清晰。世界的物质内涵与社会形式内涵晦暗不明,因为"常人"就是马克思所说的"社会性"。马克思认为,人的本质在其现实性上就是一切社会关系的总和。马克思对人的这种界定包含着人所生存的世界的形式内涵。海德格尔没有将这种形式内涵与物质内涵区

---

① [德]海德格尔:《路标》,孙周兴译,商务印书馆2000年版,第401页。
② [德]海德格尔:《路标》,孙周兴译,商务印书馆2000年版,第143页。

别开来。因此，如果海德格尔能够把"共在""沉沦""常人"规定为社会存在的形式，规定为社会关系，那么他就跟马克思站在了同一个舞台上，从而也能够克服"此在"与"世界"之间的割裂。但是，海德格尔是从语言之"闲谈""两可"中来界定"常人"的，这就让他走上了另一条分离之路。在海德格尔的分析中，有一个生存论的"循环"诠释，这种循环诠释其实是现象学的一种自行显现。在这种循环中，将"用具"作为一种上手之物，来谈他们的"因缘整体性""世界性""意蕴""解释"等等。但是，海德格尔对于作为物质的、感性的世界之为世界进行了某种搁置，而且海德格尔在这里对世界之为世界的物质的、感性的存在只是做了一种"先行"设定。尽管世界之为世界的感性存在和物质存在在第一篇中进行了搁置，但是毕竟在"常人""共在"之中，海德格尔将"常人""共在"作为一种世界揭示出来，从而理解了世界的形式内涵。

三、作为社会关系和社会存在的语言

马克思认为，语言是一种既为别人存在同样也为自己存在的实践的现实的意识。作为这样一种语言，它就是社会存在的形式规定，也就是我们的社会制度。至今很多人仍没有揭示马克思语言观的这个丰富宝库。在马克思的早期作品中，马克思就讲到了人民的语言和语言的人民性的问题。人类语言在其原生之时，所具有的社会功能已经被现在发达的分工遮蔽了无数层。黑格尔也

在《精神现象学》中就提到了。他说:"语言就是命令,就是规律。"① 就语言就是命令来讲,它就是社会科学,就语言就是规律来讲,它就是自然科学。

语言在其原始产生之初,的确是作为自然与社会的总规律来显示其社会作用的。我们可以在某种意义上说,在将来的共产主义社会中,在消灭了私有制的社会关系和国家的时候,语言就是能动的社会关系、现实的国家。而社会又是人化的自然界,因此社会关系也是一种自然关系,"语言是感性的自然界"②。正是从这种意义上,我们可以说语言也会作为一种人化的社会制度,作为感性的自然界,来恢复其本来的功能。从这方面来看,海德格尔认为的"语言是存在之家"是有着唯物主义的历史地基的。他说:"依循原始民族的生活来制定此在分析的方向仍能有其方法上的积极意义,因为原始现象往往较少遮蔽。"③从这个方面来讲,海德格尔是可以跟马克思进行对话的,而且海德格尔也可以领悟到:"一种对世界历史性地存在着的东西的基本经验,在共产主义中表达出来了。谁如若只把'共产主义'看作党派或者'世界观',他就想得过于短浅了。"④

在海德格尔的生存论建构中唯物主义的三个要素他都顾及到了:一是生存的人,二是作为世界的自然界,三是作为世界的社

---

① [德]黑格尔:《精神现象学》(上),贺麟、王玖兴译,商务印书馆1979年版,第55页。
② 《马克思恩格斯全集》第3卷,人民出版社1979年版,第308、59页。
③ [德]马丁·海德格尔:《存在与时间》,陈嘉映、王庆节译,生活·读书·新知三联书店2006年版,第59页。
④ [德]海德格尔:《路标》,孙周兴译,商务印书馆2000年版,第401页。

会关系。只不过他把"社会关系"放到了一个不发达的原始社会中。在这个不发达的原始社会中,还没有国家机器,也没有那么多分工和遮蔽,因此,语言就是社会存在的关系,也是社会存在之上的国家。在进入文明之前,很多社会功能都是由语言承载的。当物质劳动与精神劳动分工之后,语言的社会功能就被宗教、法、哲学等意识形态给遮蔽了。但是,海德格尔把"语言"存在的意识形态的方式,偷换成了它的社会存在的方式。故而,海德格尔明显是一个游荡的、没有着落的"唯物主义者"。他虽然理解了唯物主义的生存论意义,但是总是难以触及世界之为物质的、感性的方面。

在"世界之超越的时间性"这一节中,他说:"只要此在到时,就有一个世界存在","世界随着诸绽出样式的'出离自己'而'在此'"。① 因此,从生存论上讲,世界只能是在"此"。但是,从存在论上讲,世界又必须"在先"。故而,他说:"世界奠基在绽出的时间统一性视野之上,于是世界是超越的。"② 世界的这种超越性,就是世界的历史性,世界的历史性就是"天命",这种天命就是在世之中的"寓于……世界"和与他人"共在"之世界的此在的"命运"的共同"决心"。就世界之作为操劳中的寓于什么的世界来看,它是物质的;就世界作为"共在"世界来看,它是社会关系的存在。但是,就世界之历史性来看,他又陷入了一种二元论,一方面世界"在先",另一方面世界又是"到

---

① [德]海德格尔:《路标》,孙周兴译,商务印书馆2000年版,第414页。
② [德]海德格尔:《路标》,孙周兴译,商务印书馆2000年版,第415页。

时"。作为"在先"的世界并不是一种时间性的"在先",而是存在论设定上的"在先",因为世界总是作为"在之中"来生成的,而"在之中"并没有改变作为世界的"天命",而只是"聆听""天命"。海德格尔的世界只是一种"因缘整体性",只是一种"整体性的意蕴",因此是一个"意义"的世界。他不能深入到历史的本质之维中,用人的生存世界的自我"革命",让感性的生存世界自行"祛蔽"。因此,从整体上讲,海德格尔把此在与世界的二元结构,消散进"在之中"之"自在"与"共在"的对立中。在生存论上,这个世界的澄明之境不能作为"共在",而只能作为"在之中"之"自在"显现。在存在论上,他又从世界自身出发,将作为天命的世界称为"本有",让从生存论上到时的世界称为"居有"。让"本有"总是在抑制自己中,"让"世界存在。所有这些表明,他并没有解决二元论,因为,他没有说出世界历史的本质。马克思之所以能够谈到世界历史的本质,是因为,他深入到"社会必要劳动时间"凝结在物质,也就是说他的"价值实体"是社会"存在"的社会内容,使用价值是社会存在的物质内容。只有价值实体与使用价值一起组成世界的物质内容和社会内容,而劳动生产力则是他的"此在",价值形式或者社会关系则是世界历史的形式方面。而关于马克思的世界历史理论的生存论展开,我们需要在另一篇文章中来专门解读,此处只做一个简单的说明。我们只能说,语言是感性的自然界,但是,在异化的世界中,语言被"常人"的无所不知所遮蔽,常人之所以不能无所不知,是因为分工将他们的与作为整体的感性对象世界分割开了，语言在"常人"中试图"缝合"这种分离，而制造了一个整体性全知的假象。于是，马克思只能通过商品这个公开的人类的心理学的宝库来解读人类不公开的语言，从而揭开了人类世界的本真面目。

第四章　社会时空的内容与形式

前面的分析表明人类生活于自己劳动所建构的社会时空中。同样物质的存在形式也有两种，一种是自然形态，另一种是劳动形态。正是因为劳动，人类的生活世界才建构起来。正像自然空间不是空壳一样，社会空间更不是一个空壳，其中，既有自己的内容，也有自己的形式。本章的研究将表明，社会时空的内容包括使用价值与价值两个方面；社会空间的形式包括使用价值和交换价值两个方面。在原生社会时空中，社会空间的形式是使用价值。而在异化的资本主义社会空间中，社会空间的形式则是交换价值。

第一节　作为生存空间的使用价值

马克思在《1844年经济学哲学手稿》中说："物本身是对自身和对人的一种对象性的、人的关系……当物按人的方式同人发生关系时,我才能在实践上按人的方式同人发生关系。"① 这句话蕴含着人的解放与物的解放相统一的思想。人类每发现一种新的使用价值,也就开拓了人类的生存空间和发展空间,正因如此,马克思才说剩余劳动时间是人类发展的空间。但是在人类早期,只有作为人类生存空间的使用价值积累到一定程度,自然空间才作为使用价值,即河流、土地等才作为一种对象性关系被把握住,不同的土地所有制形式正是这种反映。马克思主要分析了三种原生类型文明中的土地所有制及其发展为不同的文明形式的问题。

海德格尔以"此在"之"操劳"为中介通过"定向"和"去远"的方式建立了"此在"的空间性,从而建立了"此在"的因缘整体性之世界。但这只不过是揭示了人类生存空间的使用价值的意义和意蕴,即文化空间。依照海德格尔所言,这种生存空间是依照原始民族的生活方式而制定的,但是从唯物主义视角来看,这个生存空间是依照资本主义的生存境况制定的。通过对作为使用价值的生存空间进行分析可以让我们重新审视唯物史中关于"物"的解放的思想。

一、作为使用价值的生存空间

海德格尔在建构自己的生存论的"空间性"的时候,是结合"此在"之"在世界中"来建构的。而"世界"本身又是通过

---

① 《马克思恩格斯全集》第3卷,人民出版社2002年版,第304页。

"此在"的"生存空间"所揭示的因缘整体性建构起来的，这也是海德格尔念念不忘"操劳"的原因。从唯物主义的视角来看，他用使用价值界定了作为"生存空间"的"世界"。他用了"操劳""用具""上手"等实践性生活术语，非常恰当地直接描述出世界的空间性特征。

发现世界的使用价值，把世界作为"能用"的生存世界与人类通过劳动来创造自己的社会世界的意义不同。海德格尔只是抽象地从"能用"的意义上来界定我们的"在世之中"。但是，海德格尔并没有区分，这个"能用"的世界，是自然界的使用价值，还是人类劳动产品的使用价值？此外，他还把人的社会性理解为"与人共在"的"常人"，并从"语言"的意识形态的角度做出生存论的界定。这些作为他的生存论的世界的空间性的建构，在其理论宗旨上就走到了真正的"社会存在"的彼岸去了。

与此相反，从生存论上讲，马克思将劳动作为"此在"之能在，来进行生存论的把握，他把劳动的物化作为此在之"在世之中"的世界来进行建构。也就是说，马克思所讲的"生存空间"是人类自己"创造""生产"的世界。这个我们安居的世界是从哪里来的问题，在马克思这里得到了根本性解决。人类首先寓居于其中的世界是一个直接"在用"的自然界。作为一种直接"能用"的世界，如何进入经过"劳动"的中介成为一个"劳动价值的世界"，则是马克思在《德意志意识形态》中讲到的"自然"的生产"工具"与"文明"创造的生产"工具"所揭示出来的两种不同的世界。而且，马克思认为"工具"是生产关系的指示器。自然的工具就是作为人类物质生存的"土地",它揭示的是人的自然关系;"文明的生产工具"即资本主义社会中的积累的劳动,它揭示的是人的异化关系。而海德格尔的世界是"依循原始民族的生活"来制定此在的生存空间的,因为"原始现象往往较少遮蔽"①。也就是说,海德格尔是从"自然产生的工具"入手来建立此在的生存空间。但是,他却从文明的"工具"中彰显使用价值,来界定我们的"此在"的"在世界之中"的空间性。海德格尔仅仅将使用价值解释为"因缘整体性",即取消了物质实在性的使用价值的世界。这种区分对于理解马克思的建构的"社会存在"理论又有着非同一般的意义。在马克思的研究中,使用价值有两种意义,一种是作为社会存在的内容,另一种则是作为社会存在的形式。他说:"价值的第一个形式是使用价值,是反映个人对自然的关系的日常用品;价值的第二个形式是与使用价值并存的交换价值,是个人支配他人的使用价值的权力,是个人的社会关系。"② 马克思的研究主要着重于作为社会存在内容的使用价值,即资本主义社会的使用价值,对于前资本主义社会中的使用价值,则只是偶尔提到。因此,对海德格尔的"用具""世界"等范畴的把握有利于我们理解马克思所讲的作为社会形式的使用价值。马克思的"在世界之中"则是在社会存在的世界之中,"社会是人同自然界完成了的本质的统一"③。价值的社会形式是

---

① [德]马丁·海德格尔:《存在与时间》,陈嘉映、王庆节译,生活·读书·新知三联书店2006年版,第59页。
② 《马克思恩格斯全集》第30卷,人民出版社1979年版,第127页。
③ 《马克思恩格斯全集》第3卷,人民出版社1979年版,第301页。

使用价值时，人的生存空间还是统一的，而社会形式是交换价值时则发生了分裂。使用价值的社会属性的遮蔽成为资本主义世界的纯粹抽象的物质性。

二、自然界的使用价值的生存论内涵

在《劳动在从猿到人的转变中的作用》中，恩格斯描述了一种比海德格尔的文明"工具"更为原始的"工具"，那就是具有使用价值的自然界。自然界作为一种现成存在的世界，从生存论的角度看，只是一种没有说明的物质前提，这个前提必须存在，而且我们的肉体本身也是一个不能证明的自然前提。我们从恩格斯这里获得了一种关于"工具"的更早的生存论说明。这种说明马克思已经在《1844年经济学哲学手稿》中以另一种方式提到过。他说："动物与自己的生命活动是直接同一的，……人则使自己的生命活动成为自己的意志和意识的对象。"[①] 在这里两种自然界成了工具，一种是自然界本身，另一种则是人本身的活动。在人类的早期，人不是积极地"去存在"，而是适应性地"被存在"。人首先是在自然的"逼迫"中存在的。动物也有自己的周围世界，但动物的世界与动物本身就是自然界。因为动物与自己的周围世界是直接同一的，这是一种自在世界。人与自己的生存环境，或者说周围世界的关系，作为一种适应能力，"被塑造"的能力是如何从一种"被存在"的被动性中，获得自己"去存

[①] 《马克思恩格斯全集》第3卷，人民出版社2002年版，第273页。

在"的能动性的呢？

我们只能描述这样一种生存现象，就是动物与其周围世界的同一。而一种特别的动物在跟这种周围世界的同一中逃遁出来，抽身出来。"食物"无论是种类，还是数量的改变都表现为一个物种的生存环境（"周围世界"）的改变，从而使得动物的生命活动本身"被迫"发生改变，周围世界与动物生命活动发生了相互作用。向人类发展的这种类人猿，在这种"自然的强迫"下，具有了不断扩大自己的"生存空间"的能力。在此过程中，他们发展了自己本身的肉体器官和自己的营养成分，从而节约了消化食物的时间，为新的生命活动赢得了时间，可以进一步地寻找新的食物，即发现新的"生存空间"，进而扩大自己的"周围世界"。其实，在向人类发展的过程中，这种动物已经具有一种可以在多种周围世界中"寻找"自然界的现成使用价值的先行能力，而这种先行具有的能力就是在动物身上存在的适应自然界变化的先天能力。在向真正意义上的人迈进的过程中，猿对自然界本身所提供的可能的现成之物、"在口"之物，有了一种"操心"，而这种"操心"本身就是"操劳"。这就是最早的"采摘"和"渔猎"劳动，这种"采摘"和"渔猎"活动，甚至在没有"储存"的情况下，就开始在不同季节、不同的环境中，为人类的发展提供"生存空间"。这个自然界作为一个可能的"生存世界"必须首先存在。而自然世界，就从一种本有的"能用"世界，转变为"可用"的"在手"世界，然后转变为"上手"的"周围世界"，也可以说这是从"能用"到"去用"的发现之旅。这个"能吃"

"能用"的现成世界，转变为一个"在用""所用"的世界，已经是一个漫长的自然过程了。"能"与"所"的关系是中国哲学中讨论意识与存在的关系的一对范畴，这对范畴本身来自佛学，在这里我们可以借以表达人的能力与生存空间的物质关系。

这里的"能"表现为本能，就是这种"本能"的发展，"手"正是这种"能所"关系发展的结果，是人的一种新的"能力"，从而也开启了人类不同于动物的"所"在之境。

原始的操心与操劳作为一种同一的准动物的生存论建构而存在着。就如同恩格斯所指出的，如果一种动物的食物种类过于单一，生存世界过于狭窄，那么他们的命运只能有一个，那就是灭亡。生命的"能在"与"定在"之间有一种规则，如果"能在"的范围过于广大，如像老鼠、苍蝇、蚂蚁、细菌这些"能在"的可能性世界比人类扩大了许多，他们周围的自然界"在吃""在用"的世界过于广大，则他们"不必"改变自身的生命形式。如果一种生命活动的周围世界，作为"在吃""在用"的自然界，过于单一和狭隘，则他们"不可能"或者没有"时机"或者"机会"来改变自己的生命活动，从而改变自己的生命形式本身，因此也得不到进化。人类在进化过程中，人的生命活动本身与"能用"的生存空间之间有一个比较合理的配比关系，并且可以通过改变自己的生命活动形式来改变自己的生命形式。在这个过程中，人不断地改变自己的生命活动，以适应不断改变的生存环境，这种极大的适应能力，使得人的生命活动本身成为人的对象。人与自然界的对象性关系伴随着人与自身的生命活动的对象性关系而共同发展。

三、使用价值的抽象

在海德格尔对存在的生存论解释中，我们看到人的存在就是人的生产、生活实践以及对这种实践的意义。这是西方形而上学对生存的遮蔽，也是海德格尔超越前人的地方。但是，有一些术语海德格尔根本就没有对它们进行"深思"到底，而仅仅把它们作为一种描述性的术语来使用，如"用具""工具""上手""在手"等。而我们从唯物主义的角度来看，这些术语本身必须得以澄清。例如，"上手"与周围世界的空间性问题。在海德格尔的生存论中，"上手"是"此在"之"操劳"用于从"在手"之物中，建构自己的"生存空间"的术语。但是，从动物与自己的生存空间直接同一的角度来讲，"手"是"操劳"的产物，其本身也有"工具"的内涵。只有"手"从"脚"的活动中解放出来，才能够通过"上手"来建构"此在"的生存空间，这就是恩格斯所提出的"手脚分工"（马克思提到人的感官是整个世界历史的产物）。而"手"的生存论内涵不过是刚刚产生的人类对于自然界之"能用"世界有了一种使用价值的"关系"。

此外，我们这种分析的前提不是从所谓人类生存的一般方式中得以领会的，而是从资本主义社会中人特有的生存方式中加以领会的。而海德格尔将它作为生存论中不言而喻的术语加以存在论的使用。"手""工具"的生存论内涵，或者使用价值的生存论内涵，是在资本主义特有的生产方式中向我们"敞开"的。马克思在《资本论》中所抽象出的劳动、工具、劳动对象这三个方面具有社会存在论的内涵。因为正是在资本主义社会中，工人自己的劳动能力成了自身谋生的"工具"，所以作为人与人以及人与自然之间的相互利用和相互使用关系，物品的纯粹使用价值的内涵，才作为一种不言而喻的感性意识而对人类存在，马克思把这种普遍适用和利用性的关系，解读为普遍贿赂和卖淫关系。而且在这种生产方式中，不是人使用作为"工具"的机器，而是机器使用作为"工具"的人，劳动力的这种工具化的生存处境，是在我们这种最发达的生产方式中揭示出来的，从而可以"窥视"过去的一切生产方式。使用价值的生存论内涵在《1844年经济学哲学手稿》得到了完满的体现。他说："私有制使我们变得如此愚蠢而片面，只有当他们被我们拥有时……简言之只有当他们被我们使用的时候，才是我们的。"① 也就是说，作为使用价值的使用价值是资本主义私有制下人类感性意识和感性需要的异化形式，在这种异化形式中，我们的"生命活动"成了我们的生存的"工具"，从而也被"使用价值"化了，简言之，也被"利用了"，这种"工具理性"深藏于资本主义社会中。与此相反，在将来不被私有制所遮蔽的劳动产品将会怎样呢？马克思说："当物按人的方式同人发生关系时，我们才能在实践上按人的方式对物发生关系。"② 我们现在之所以抽象出纯粹使用价值之物，是因为"一切

---

① 《马克思恩格斯全集》第3卷，人民出版社2002年版，第303页。
② 《马克思恩格斯全集》第3卷，人民出版社2002年版，第304, 303页。

肉体的和精神的感觉都被这一切感觉的单纯异化即拥有的感觉所代替"①。

四、物的解放与意义解放的差异

马克思的理论旨趣是改变世界，而海德格尔的理论指向则是解释世界。能够改变世界的理论本身就包含着对世界的解释，但解释世界的理论不一定能够改变世界。我们是从哪一种视角让海德格尔的思想跟马克思的理论旨趣相契合呢？这个契合点、共同点就是"生存"，就是人类的生存活动、生存空间。

但是，这种共同点并不足以让我们形成一个清晰的线索。我们知道，近代哲学有一个"认识论转向"，在认识论转向中隐藏着一个隐蔽的线索，那就是"生存论转向"，表现为认识与生存的关系问题。认识论偏重通过人与自然的关系的解释，来考察人与人之间的关系、审视人的生存状态；而生存论则是通过人与人的关系的审视来解释人与自然的关系。

这条隐蔽的"生存论"转向，在实践上是由法国大革命、路德的宗教改革以及社会主义的思想和实践所触及；在理论上是在思想启蒙运动和康德哲学的"哥白尼"革命中首次作为问题被提及。因为人类要为世界负责，而不再由上帝救赎人类了，所以马克思认为康德哲学是法国革命的德国理论，特别是德国古典哲学对于宗教和神学的继承和批判。而黑格尔的精神现象学只不过是

---

① 《马克思恩格斯全集》第3卷，人民出版社2002年版，第303页。

在理论上恢复了宗教，费尔巴哈的功绩则是在于他的哲学触及了宗教与人的生存问题，正是在宗教问题上，马克思发现了资本主义的"拜物教"现象。与此相应，从叔本华的生命意志到尼采著名的"权力意志"为生命哲学大开方便之门。尼采本人对生存与认识的关系做了非常独特的解读，同时也更偏重前者。

在通过认识论来探索人类生存状态的过程中，笛卡尔的"我思故我在"是理性主义存在论的开端，只有到了黑格尔的唯心主义哲学，认识存在论才得以完成。正是因为如此，费尔巴哈的"我欲，故我在"从存在论上颠覆了黑格尔思想的近代起源，他开始了一种新的理性的感性存在论。随后，它被马克思的批判所取代。马克思的哲学从根本上讲有两个维度，一个维度是革命解放论，这是积极的一方，另一个维度则是被动的维度，即物的解放论，这个维度有两重内涵，一重是物的社会形式，另一重是使用价值的解放维度。

贝克莱的"感知即存在"是经验主义存在的代表，这条道路最后发展为逻辑原子主义和分析哲学，走向了虚无主义。正如金岳霖在《罗素哲学》中提到的，他们的整个过程就是"去体化"。"去体化"消灭了广延、空间，他们把"物"理解为"事"。而胡塞尔的"面向事情本身"是他通过批判分析哲学和数理逻辑所得到的结论，因此，海德格尔的生存论其实是经验主义、分析哲学、逻辑原子主义为走出生存的虚无主义的一种尝试。

在马克思的哲学中，作为"认识"的"阐释"服从于生存的自然界限和社会存在形式；但是在海德格尔的哲学中，我们可以看到他的生存论是为"阐释学"服务的。当然,海德格尔强调生存具有认识功能,同时,他也认为认识本身也是生存的一种样式,也就是认识也是一种"生存"活动。正是基于这一点,正是基于作为"认识"的生存论之维,他开启了一种所谓"本真"世界的揭示。而海德格尔的这条认识论路线起源于近代的经验主义,从经验主义一直到逻辑原子主义和胡塞尔的现象学之"回到事情本身",他们取消了"物自体"之体、"物自身"之身,因此他们的空间建构具有明显的主观化倾向,但是世界毕竟不只是"意义",而且也是一种"物质"。不仅需要解释的实践,而且需要实践本身在改变世界的过程中解放世界,在创造物的过程中解放物,在创造物的使用价值的过程中解放使用价值,从而解放人类的生存空间,实现人类的社会化。

第二节 作为"社会存在"的商品

商品作为《资本论》的开端,并不是任意的,而是马克思深思熟虑的结果。通过对商品的分析,马克思给"社会存在"之"在"提供了一个科学建构。社会的解放从作为商品物的解放,即商品的自我否定开始。只有让我们理解到这个作为"社会存在"之"物"的"空间"维度,才能向揭示了世界之为世界的生存论建构。同时,他也揭示了"社会存在"之"物"的"时间"维度,这个维度向我们揭示了历史之为历史的生存论建构。因此，作为"社会存在"之物的商品就显现出"世界历史"的存在论内涵。

一、作为"商品"的世界历史事物

"世界历史事物"这个概念来自海德格尔的《存在与时间》。古尔德在《社会存在论》中，对海德格尔"此在"时间观进行了批判。古尔德认为海德格尔"并没有把时间化的此在的活动理解为对象化活动，理解为改造自然的社会活动"。①但是，古尔德并没有深入历史的维度去谈论人所生存的世界历史空间。海德格尔虽然谈到了世界历史，但是他的世界历史并没有作为空间向我们敞开，而是"自囚"在世界历史的天命之中。

我们没有对海德格尔的范畴进行界定和批判，只是借助海德格尔的"此在"与"世界历史"的关系，阐明海德格尔的生存论建构与马克思所说的人的世界历史性存在一种交集。尽管他们两个有很多区别，但是在"时间"之维中，他与马克思相遇了。可是，海德格尔在社会的历史空间之维中，与马克思擦肩而过。因为马克思所揭示的世界，就是人生存的历史空间。海德格尔是从使用价值入手来看世界历史事物的。我们按照马克思的指引，从"商品"入手来解释世界历史事物。

某个商品必然属于一定的时代，这个时代可能是十年前，也

---

① [美]卡罗尔·C. 古尔德：《马克思的社会本体论：马克思社会实在理论中的个性和共同体》，王虎学译，北京师范大学出版社2009年版，第62页。

可能是 1000 年前。我们的问题是，这个劳动产品跟劳动产品所嵌入的人类生存世界与其中所包含的"必要劳动时间"的关系。我们所生存的世界是否就是社会存在呢？例如，十年前的手机卖 3000 元人民币，是一个普通工人 30 天的收入。现在同样的手机，从使用价值上看它们没有区别，但是现在这部手机才卖 300 元人民币，而现在工人的平均工资是 6000 元人民币。两个手机相比较，同样的使用价值所花费的工人生存必需的社会劳动时间不同。也就是说，相同的使用价值所消耗的人类劳动时间变成了十年前的二十分之一。在使用价值没有变的情况下，是什么变了呢？当然就是它的价值变了。马克思将这种现象称为"价值革命"，就是说作为同一种使用价值的商品（工业制成品），它的价值在资本主义社会中具有不断下降的趋势。我们能否把同一种商品的价值变化（而不仅仅是价格的变化）做一种历史的解读呢？如果可以，价值实体的变化在人类的存在中占有怎样的一个地位呢？同样，价值实体是否就是我们生存于其中的世界呢？如果是，它在我们世界中又是怎样的地位？

我们再回到海德格尔的"世界历史事物"。海德格尔的世界历史事物是从劳动产品的使用价值入手的，而且他是从世界的使用价值的因缘整体性和意蕴整体性来理解这个"世界历史事物"的，如一个 1000 年前的"使用工具"，这个"使用工具"的意义是嵌入在当时的"世界之中"，这个工具的意义是在当时与他人共在的世界中得以揭示的。因此，他的"价值"是在世界的整体性中得到揭示的。但是，海德格尔根本就没提"价值实体"或者

"劳动价值"的问题。如果我们把1000年前的"石磨"耗费的"社会必要劳动时间"与现在的"石磨"耗费的"社会必要劳动时间"进行比较,很多人会觉得荒唐。但是,正是在这种荒谬中,我们看到了"世界历史的本质"。

二、价值实体与世界

《资本论》出版后,马克思认为人们对于"价值实体"的理解比较模糊。为此,马克思自己进行了很多解释,恩格斯也为其做了很多解释。我们现在截取一个例子来澄清价值实体作为"世界历史的本质"的维度。首先看马克思在对洛贝尔图斯反驳中的澄清。

第一,"我不是把价值分为使用价值和交换价值……而是把劳动产品的具体社会形式分为这两者"。

第二,"商品"一方面是使用价值,另一方面是"价值"不是交换价值,因为单是表现形式不构成其本身的内容。①

第三,商品的"价值"只是以历史上发展的形式表现出那种在其他一切历史社会形式内也存在的、虽然是以另一种形式存在的东西,这就是作为社会劳动力的消耗而存在的劳动的社会性。②

---

① 《马克思恩格斯全集》第19卷,人民出版社1979年版,第412页。
② 《马克思恩格斯全集》第19卷,人民出版社1979年版,第420页。

我们通过对马克思对洛贝尔图斯的"社会使用价值"理论的反驳,得出以下结论。马克思对商品这种"社会存在"之"物"的分析,揭示了"社会存在"的三个基本"维度"。第一,"社会存在"的表现"形式",即"社会关系"(使用价值和交换价值)。第二,"社会存在"的"实体"——"内容"(使用价值和价值实体)。第三,价值实体不仅仅属于商品这种社会形式,而且属于一切有用的劳动产品,"价值实体"超越了一切历史形式,因此,它是历史本身的实体,而不是历史的形式。就历史表现为历史而言,差别在于其表现形式的一面,但是就历史之为历史的存在本身而言,则在于历史存在的实体、内容(可以参看前面谈到的价值存在的原生时空)。

马克思花费这么多精力从"商品"这个社会存在之"物"中,解剖出"社会存在"的三个要素——使用价值、价值、交换价值,是因为,这三个要素组建了人的"对象性的社会存在",或者说作为世界的社会存在,即人们"在之中"的世界。我们从海德格尔那里借来这个"世界之为世界"来阐释这个对象性的"社会存在"。人们正是"在之中"去在的,也就是人类在"哪里"的问题。商品分析正是解决这个"哪里"的问题,"哪里"就是"空间"的问题。商品分析就是分析人类的生存空间,就是分析人类的生活世界,就是分析人类的社会存在。但是,我们发现作为"社会存在"的"实体",一个是空间性的"使用价值",另一个是作为时间性的"抽象劳动时间"即"社会必要劳动时间"。而且,劳动时间只有"物化",即"空间化"为"使用价值"才能是"价值"。价值不能作为纯粹的"一般劳动时间"存在。无对象的劳动，或者非对象性活动，不能"空间化"，不能世界化。但是在空间化的使用价值中，有一种共同生命活动时间的耗费，而这个时间耗费，与同一"质—量"的使用价值之间的比例是可变的。因此，人类生存的使用价值空间本身就有了社会的"时间性"。使用价值与价值的本身就生成平均化的"历史空间"。如果这个"历史空间"能够被"平均化"就是世界历史的实体，或者说是世界作为历史性的一般存在。

马克思从"商品"开始分析"社会存在"，不仅仅包含了海德格尔所说的"世界之为世界"，而且还包含了"此在"。因为在资本主义社会，"劳动力"本身就是"商品"，这个"商品"也有自己的"价值"，也有自己的"社会必要劳动间"，这就是"工资"。要注意劳动力与人本身的区别。劳动力是工人自己的所有物。因此，工人要好好地对待这个所有物。这个所有物能让其他所有物的使用价值不断增大，然后才能卖出去，而这个"所有物"，这个"商品"却只能按"时间"出卖，它不能像其他商品那样有一个"空间"转移。因此，作为"此在"的工人，把他的"生命时间"出卖时，他就受到另一个意志的支配。工人把自己的"能在"抛给了另一个意志。因此，工人的"能在"作为"劳动能力"，作为"生产力"，作为生产的可能性，被抛给了"他人"。在资本主义社会中，工人的"此在"被悬置起来，被一起抛给了作为世界的"商品"。活动的、时间的、如火一般的劳动，凝结为死的、空间化的、如冰一般的商品世界，这就是作为"此在"的劳动的"向死而在"。工人的"向死而在",就是生命的时间,作为劳动向商品和资本而在,就是向自己的敌人而在。因为,资本就是资本家,就是一个异己的"他者"。

三、价值的空间之维

在《存在与时间》中,海德格尔认为存在、实体就是一个不需要任何其他存在者的存在。从相反的意义来看,人与人所生存的世界共同组建了这样一种实体性存在。因此,我们只在这种意义上谈人的存在,把人类所生存的世界理解为一个满足人类需要的使用价值的世界。海德格尔用"因缘整体性"解释"世界之为世界"。马克思则是用使用价值的"共同性""社会性"指称人类所生存的世界,即"人与人的相互独立为物与物的全面依赖所补充"①。

一个具体"上手"的使用价值,只是一种"世内存在者"。但是,这个"世内存在者"从"世界"的价值普遍性中获得自己的"价值"形式,也就是自己的"价格"——交换价值。马克思从"商品"入手,为我们理解世界之为价值提供一个抽象的社会形式基础。海德格尔从原始民族那里入手,从自然界的使用价值入手,从而错过了深入价值实体的维度。海德格尔说:"价值附着在物上的这个'附着'在存在论上究竟意味着什么?……由自然物来重建使用物的事业在存在论上就是颇成问题的。……在重

---

① 马克思:《资本论》第1卷,人民出版社1975年版,第204页。

建首先'剥了皮的'使用物之际又要重新提出一种现象的整体性来。"①而这种现象整体性，只能是"价值实体"，即劳动的社会性。但是，这种'现象的整体性'，只能在资本主义彻底商品化的社会中才能显现出来。海德格尔觉得在原始民族中，有较少的遮蔽，特别是在意识形态领域更是如此。但是，在物质生产和社会存在领域中，资本主义社会作为最发达、最复杂的社会形式可以用来理解原始社会。在海德格尔所说的世界中，自然界本身的使用价值，因为不是劳动所塑造的，给他带来了极大困扰。他的哲学无法表现人类世界的来源，他的哲学中的"操劳""用具"只是用于解释世界，从来就不创造世界。

价值只有空间化才能存在，价值只有通过某种使用价值才能"在"，只有"寄存"于这样的一个"存在者"，才能在。而这个"存在者"所指向的是人的"需要"，而人的需要，即人之所"向"被封锁在一个感性的"存在者"之中，因此使用价值是人存在的被封锁的"感性空间"。这个"密闭空间"能否开放呢？这个"密闭空间"在海德格尔所揭示的"世界之为世界"中是通过"因缘整体性"向我们开放为世界的。马克思说："宇宙的一切现象，不论是由人手创造的，还是由自然的一般规律所引起的，都不是真正的新创造，而只是物质的形态变化。"②人类劳动只能改变物质的形式，而没有改变物质本身。那么，我们就只能从这种"物质形态"方面来理解使用价值，它是财富的"物质内

---

① [德]马丁·海德格尔：《存在与时间》，陈嘉映、王庆节译，生活·读书·新知三联书店2006年版，第116页。
② 马克思：《资本论》第1卷，人民出版社2004年版，第56页。

容"。物质有两种存在形态,一种是自然存在形态,另一种是社会存在形态。

我们经常说"玩物丧志",我们"沉沦"于某种"使用价值"所封闭的物质空间中,不能自拔。如"沉溺"于跑马走狗之类的事情,"沉溺"于吃喝玩乐之中。但是,我们这里所说的只是"沉溺"于"某某"物的使用价值,并不是说我们在狗、马、食物等"之中"。我们把"马"这个空间中的"存在者"骑在胯下,就是我们所讲的使用价值的感性空间,物体之"用"。我们用中国哲学中的"体—用"关系来揭示使用价值为我存在的"感性空间"。使用价值物本身是"体",是一种劳动时间的"空间化"。但是,我们讲的使用价值的"空间"内涵只有在我们的"用"中生成。每一种使用价值物之"体"都通过它之"用"生成人类活动的感性空间。海德格尔把这种物的"体用"关系,理解为"上手之物"之所向,其实就是物的"体用"关系,其中最关键的是劳动工具。马克思说:"劳动资料不仅是人类劳动力发展的测量器,而且是劳动借以进行的社会关系指示器。"[①] 也就是说,劳动工具的使用价值所指向的"因缘整体性"也决定着社会空间的建构。

前面已经论述过马克思的两大生产工具理论。第一种是自然产生的生产工具,第二种是文明产生的生产工具。前者是作为空间的土地,后者是作为时间的积累劳动。前者指示着原生社会时空的建构,后者则指示着资本主义的社会关系的建构(马克思的

[①] 马克思:《资本论》第 1 卷,人民出版社 1975 年版,第 204 页。

固定资本理论是这方面的典范)。

按照马克思在《资本论》中的思路，两种使用价值之所以能够比较，是因为有一种共同的东西，这种共同的东西，就是"价值"。我们把价值称为商品的社会属性。马克思把价值实体理解为"社会必要劳动时间"，这种"社会必要劳动时间"是通过使用价值这种"存在者"而"空间化"的。似乎"价值"被使用价值这个"存在者"的"物质外壳"包裹起来了。但是，我们知道这些"物质外壳"是经过人类"劳动时间"的中介之后的"外壳"。"体"之"用"开展出人类的感性活动空间。那么"使用价值"的"外壳"之"经过"……中介是什么意思呢？这个外壳"经过"了什么？经过了"时间"，这个"时间"就是"劳动"。马克思说："劳动是活的，塑造形象的火，是物的易逝性，物的暂时性，这种易逝性和暂时性表现为这些物通过活的时间而被赋予形式。"① 如果劳动是"活的时间"，那么空间化的"价值"就是"死的时间"，"过去的时间"，"积累的时间"，空间化的时间。

第三节 价值的社会空间形式

《资本论》出版后，理论界对马克思的误解颇多，但是马克思最不满意的地方就是人们对于"价值实体"的理解。马克思在

---

① 《马克思恩格斯全集》第46卷（上），人民出版社1979年版，第331页。

《资本论》第一卷的说明中讲过人们的误解；恩格斯在《资本论》第三卷的末尾处也讲过人们的误解。但是"价值实体"的内涵还是被后来研究者"悬搁"起来，似乎"价值实体"如同康德的"物自身"一样，成了一个不可知的自在之物。但随着对《资本论》与唯物史的关系的研究的深入，我们发现，"价值实体"对于理解唯物史至关重要。

"价值实体"类似于"自在之物"，但绝不是"自在之物"，价值实体绝不是人类世界中的自在存在，但是它首先起源于价值的自在存在。那么什么是价值的自在存在呢？马克思通过自给自足的共同体让价值自在向我们显现。这种自给自足的生产方式，或者是鲁滨孙式的个人，或者是家庭，或者是自由人联合体。这些社会生产组织，马克思在《资本论》中已经为我们描述过了。在这些生产形式中一个不变的前提就是：物自身、实体、价值自在。而所谓的物自身、价值实体、价值自在不过是一种"自给自足"的生产方式。但是，关键在于交换价值使得价值自在、价值实体这个"物自身"变成了"为他"的存在，而资本这种交换价值则使得价值实体变成了一种"自为"的存在。这种自给自足的生产组织在前资本主义社会中，总是被"为他"的交换价值所瓦解，使古希腊、罗马等文明走向衰败。而在资本主义社会中，这种价值实体之作为"自为"的交换价值，不断实现"自给自足"的自我突破、自我革命，也就是说，资本不断给自己设定一种界限和平衡，又不断突破这种"自给自足"的平衡。无论是在资本主义社会，还是前资本主义社会，剩余价值是一切"自给自足"

的价值实体的超越者。

一、价值实体的时间维度

价值这个概念引起很多误解。在《资本论》中，马克思通过对商品的分析得出了价值的定义。但是，这并不表明价值仅仅是商品的属性。许多研究者仅仅把价值作为商品的属性来把握，更有甚者把价值规律理解为资本主义社会的规律。为了澄清误解，恩格斯又在第三卷末尾对价值做了补充性说明。他认为价值规律从原始社会就开始起作用了，从商品产生的那一刻就起作用了。因此，价值不仅仅是一个资本主义时代特有的范畴，而且是一切有商品存在的社会中共有的规律。马克思说："在理论上，价值概念先于资本概念，而另一方面，价值概念的纯粹的展开又要以建立在资本的生产方式为前提，同样，在实践上也是这种情况。因此，经济学家们必然会在一些场合把资本看作价值的创造者，价值的源泉，而在另一些场合又把价值看作资本形成的前提，并把资本本身说成只是执行某种特定职能的价值额。"① 马克思的这段话指明了一切关于价值存在的时代问题的模糊认识和矛盾的症结，这里的关键就是价值的"自在存在"与价值的"自为存在"的问题。在前资本主义社会，特别是在连商品还没有产生的时代，价值就已经存在，但是只不过是一种"自在"，一种"安于自身"的存在。

---

① 《马克思恩格斯全集》第30卷（上），人民出版社1995年版，第207页。

既然马克思和恩格斯都对价值规律和价值存在的历史时代问题有了明确的回答，我们可以肯定地说，价值可以存在于不同的时代。但是恩格斯在《资本论》第三卷末尾对于价值规律的补充说明中，仅仅将价值理解为商品规律。商品尽管产生得很早，在原始社会就已经产生，但是，人类社会刚刚产生的时候，商品并不存在。而且，前资本主义社会的价值生产并不是商品生产，而是为了自己的需要进行的生产。只是在满足了自己的需要后的剩余劳动产品才作为商品进行交换。那么我们仅仅从"价值实现"的角度，把这部分剩余劳动产品来当作价值理解，还是"从价值生产"的角度，把所有的满足人类需要的劳动产品当作价值来理解呢？马克思为我们的疑问提供了答案。他认为："价值的第一个形式是使用价值，是反映个人对自然的关系的日常用品；价值的第二个形式是与使用价值并存的交换价值，是个人支配他人的使用价值的权力，是个人的社会关系；最初它本身是节日使用的、超出直接需要之外而使用的价值。"① 在马克思的这个界定中，我们可以看到，价值首先是作为劳动产品而存在的，价值首先是物化劳动。这跟我们教科书中所提到的，"价值是凝结在商品中无差别的人类劳动"的定义明显不同。因为商品只是在第二种意义上的价值形式，使用价值是价值的第一种形式。《资本论》主要研究了价值的第二种形式，所以我们往往误认为价值仅仅是凝结在商品中的人类劳动。同时在《资本论》第一章中马克思曾说过，自然事物虽有使用价值，但是它没有价值。有的劳动产品

---

① 《马克思恩格斯全集》第30卷（上），人民出版社1995年版，第127页。

没有用，也没有价值。但是，在这里马克思从没有说价值仅仅是商品的属性。因此，价值不仅仅是商品规律，更不仅仅是资本主义社会的特殊规律，价值存在于一切时代，是人类社会存在的一般规律。在马克思对瓦格纳的反驳中我们可以清晰地看到这一点。

马克思说：

> 即使我的书中根本没有论"价值"的一章，我对现实关系所做的分析仍然会包含有对实在的价值关系的论证和证明。……任何一个民族，如果停止劳动，不用说一年，就是几个星期，也要灭亡……要想得到和各种不同的需要量相适应的产品量，就要付出各种不同的和一定数量的社会总劳动量。这种按一定比例分配社会劳动的必要性，绝不可能被社会生产的一定形式所取消，而可能改变的只是它的表现形式……自然规律是根本不能取消的。在不同的历史条件下能够发生变化的，只是这些规律借以实现的形式。①

我们可以借用几个自给自足的生产形式的事例来说明价值的超历史，如在孤岛上的鲁滨孙，或者是一个自然家庭，或者是一个原始共同体。在这些事例中，我们可以看到，无论这些自给自足的生产组织的形式怎样，他们都要进行劳动才能满足自己的需要。劳动量的大小用社会必要劳动时间来计算。那么这些不同的

---

① 《马克思恩格斯全集》第19卷，人民出版社1979年版，第41页。

自给自足的生产组织的社会必要劳动时间由什么来决定呢？一方面由他们的劳动效率，也就是劳动生产力水平来决定；另一方面是由他们自己的需要的多样性和丰富性来决定的。如果一个生产组织的内部的需要很少，那么他的社会必要劳动时间可能很少，他们有大量的剩余劳动时间，但是这并不表明他们的生产力水平高、文明进步，而只能说明他们的需要还比较粗糙。同样，一个自给自足的生产组织的社会必要劳动时间可能很长，但是这并不表明这个社会的劳动生产率很低，而是因为他们的物质需要更多。就相同的劳动产品而言，更高的社会的劳动生产率一定高于低级社会的劳动生产率。从质的角度来看，人的物质需要的种类可以是无限发展的，这正表现了人类自由的无限可能性，可以说人类社会发展的水平与人的需要的多样性成正比关系。但是从量上看，人的需要则是有限的。因为一个人所占有的使用价值是有限的。但是，无论在任何一个社会形式中，在满足自己的需要之前都必须花费一定的劳动时间生产满足自己需要的产品。

二、社会必要劳动时间的确定

价值就是物化的社会必要劳动时间，而社会必要劳动时间就是历史之为历史的最为实在的本质，任何历史形式，都是这种社会必要劳动时间的形式，这些形式的改变，是因为社会必要劳动时间的改变，而这些改变的形式，让我们把它区别为不同的历史时代。影响社会必要劳动时间的因素有人与自然的关系，也有人与人的关系。在原始共同体的自给自足的生产方式中，人与自然的关系表现得比较明显；而人与人的关系则更多地通过商业交往和阶级交往表现出来。下面我们分别加以研究。

从人与自然的关系来看，社会必要劳动时间跟劳动生产力水平和人们的需要相关。从人与人的关系来讲，就会更为复杂一点。例如，在一个自给自足的生产组织周围，并列存在着几个不同空间的生产组织。如果这些自给自足的生产组织老死不相往来，那么我们只要根据自给自足的生产组织与自然富源和生产能力，以及他们的需要就可以很容易来确定这个生产组织的必要劳动时间。这时候，社会在其现实性上仅仅是自己的组织，而与周围的组织、共同体无关。随着生产能力的提高，就会有剩余劳动时间和剩余劳动产品产生。剩余劳动时间可以用来创造新的需要，剩余劳动产品则不能丢弃，那么他们就逐渐开始同周围的生产组织进行商品交换，用他们多余的产品换取他们没有或缺少的产品，这样无形中就扩大了他们的需求能力。但是，对于自己的共同体而言，则减少了他们的创造能力。因为，他们将花费更多的"剩余劳动时间"去为其他组织生产一种本组织并不需要的产品。这就减少了他们的剩余劳动时间，从而减少了他们进行创造性生产的时间。因为他们新的需要不是通过自己创造得来，而是通过交换得来。

在一个封闭的原始共同体开始用自己的剩余劳动产品换取其他的封闭的原始共同体的劳动产品的时候，他们所交换的商品也是其他组织的剩余劳动产品。而双方之所以能够发生交换，就是因为某种剩余劳动产品的劳动生产率在这个共同体中比较高。但是随着这种交换的经常发生，就会对生产组织本身的生产形式和结构发生作用。因为某个生产组织已经不再为自己封闭的"小社会"进行生产，而是开始为一个开放的"大社会"进行生产。也就是说，交换使得不同的封闭共同体之间发生了联系，产生了某种分工。从此，劳动产品的社会必要劳动时间，就不再是某个自给自足的狭隘的生产组织在经验范围之内所能观察得到的了。因为，相对于由几个生产组织交往而产生的有机体来讲，原先的社会必要劳动时间，就会变成一种特殊劳动时间。这种特殊劳动时间，在原先的自给自足的生产模式中，正是这种生产力与消费力的自给性、自洽性，或者是生产的共同性，保证了个体的特殊劳动时间作为社会共同的必要劳动时间起作用；而现在用于交换的劳动产品，其价值则是作为开放的"大社会"的特殊劳动时间而存在。

此外，为了确定社会必要劳动时间，我们必须对自然生产力与社会劳动生产力之间的关系做出说明。马克思非常注重自然产生的生产工具与由文明产生的生产工具之间的区分。这是因为在前资本主义社会中，自然生产力与社会劳动生产力在空间上是分离的，前者存在于农村，后者存在于城市，这种空间分工在古典古代与日耳曼的生产方式中表现得最为突出。在资本主义时代，社会劳动生产力取得了对自然生产力的统治地位，这表现为动产对地产的统治，农业只不过成为工业的一个特殊部门。

马克思认为，土地是自然的生产工具和自然生产力。在前资本主义社会都是自然生产力或者自然生产工具支配着社会、历史、文明的生产力和生产工具。这时候，同样的使用价值有的耗费更多的劳动时间，有的耗费更少的劳动时间，而土地的自然资源，或者自然生产力的高低对于不同地域之间形成不同的分工具有决定性作用。贫瘠的土地的生产力与一个肥沃土地的生产力之间并不是由人类劳动所决定的，而是由自然地理位置与环境因素所决定的。因此，前者资本主义社会的必要劳动时间就具有自然社会必要劳动时间的形式，就具有根据自然的变化规律进行生产的规则性。特殊的地域环境本身对于生产的社会形式起到决定性作用，因为温带四季分明，富于变化，所以提供的自然劳动产品就更为丰富。因此发达的文明都是从温带产生的。四大文明古国产生于大河流域。大河流域孕育了我们亚洲早熟的文明。总之，社会必要劳动时间具有被自然生产力所决定的性质。

除此之外，民族关系和阶级关系的因素也制约着社会必要劳动时间。我们知道，要进行生产就必须要有一个安定的社会环境，因为社会的安定与和平是生产的一般性条件，就如同空间是生产的一般性条件一样。因此，安全以及军队等就成为社会生产所"必要的"，这种生产也是一种社会必要劳动时间。在这里我们要区别马克思所说的两种意义上的社会必要劳动时间。第一种社会必要劳动时间是马克思所讲的决定产品价值的社会必要劳动时间，第二种是马克思在谈论工人的工资时所讲的必要劳动时间和剩余劳动时间。第一种意义上的社会必要劳动时间，是从自给自足的人类共同体或者社会共同体来讲的。第二种意义上的必要劳动时间，是从个体劳动者是一个自给自足的生产者的角度，将每一个人都作为自己物质产品的自给自足的生产者来看待。这两种意义的必要劳动时间跟马克思历史辩证法中的大逻辑与小逻辑联系在一起，在此我们暂不赘述。我们所讲的社会必要劳动时间是第一种意义上的必要劳动时间。第一种意义上的社会必要劳动时间包含了精神劳动、上层建筑等的劳动，而第二种则仅仅把工人的物质劳动作为社会必要劳动。马克思认为，从社会生产有机体的整体所理解的必要劳动，是从单个工人角度理解的社会必要劳动的 n 次方。第一种意义上的社会必要劳动，建构在"血缘共同体—货币共同体—自由人联合体"的历史发展的大逻辑中；第二种意义上的必要劳动其起点和正题，建构在私有制的中人的自给自足，即个人的自为存在；其反题则是建构在资本对私有制的否定，即资本的自为存在上；其合题则是马克思所说的共同体占有下的个人所有制。这两个不同的正反合的历史建构框架是马克思唯物史中的大逻辑和小逻辑。

三、价值实体的社会形式

我们上面已经谈到了价值实体，也就是社会必要劳动的社会历史形式，他们分别是使用价值和交换价值。前者主要表现为一种自然形式，表现为人与自然之间的关系，后者主要表现为人与人之间的关系。在一个时代之中，是否有价值的终极形式，或者如一些资本主义学者所说的历史的终结呢？为了回答这个问题，我们必须对价值的使用价值形式和交换价值形式进行分析。

价值实体中作为自然形式的历史形式，即使用价值形式，是前资本主义社会中的一个典型特点，是在劳动生产力极不发达的前提下的一种历史形式。因为是自然生产力支配着社会生产力，所以这一阶段表现为一种自然形式。按照马克思的说法，生产工具是生产的骨骼，因此它是生产关系的指示器，在土地作为主要生产工具的前资本主义时代，马克思按照地产的特点将这种历史形式标示为"原生形态"。原生形态有两种内涵，第一种内涵是个人是自己生产条件的占有者，是没有剥削的一种生产方式。第二种内涵是自然生产力起到了支配性作用。马克思对自然生产力的影响从小到大排列为三种形式。

首先是亚细亚生产方式，在这里代表自然生产力的农村与代表社会生产力的城市之间是无差别的统一。其中的社会生产力形式是对自然生产力的顺应关系。例如，马克思和恩格斯经常提到亚洲专制政府的一项主要职能就是治理河流，而且亚洲的专制政府正是适应共同利用河流的水利而发展起来的。其次是古典古代生产方式，这种生产方式代表了社会生产力对自然生产力的统治关系，即城市对农村的统治，但是这种统治关系仅仅表现为一种政治关系，其空间发展模式是城市的农村化。最后是日耳曼生产方式，这里还没有代表纯粹的社会生产力的城市，马克思经常说他们是待在原始森林里的。其空间发展模式是农村的城市化。黑格尔在《历史哲学》中按照他们的地域自然特点，把空间进行了时间化的排列，依次代表人类精神发展的三个阶段：亚细亚生产方式只知道一个人的自由，古希腊罗马生产方式知道一些人的自由，日耳曼生产方式则知道所有人的自由。马克思根据他们的私有制发展的高低程度也做了类似于黑格尔的排列。他们之所以做出这样的排列是因为，这是人类从自然生产力所决定的社会历史形式中获得解放的一个过程，在这个过程中，人越来越获得了相对于共同体的独立和相对的生产自由。

在这里必须意识到，马克思和黑格尔所讲的三种原生形态生产方式的空间特征。在古典古代的生产方式中，共同生活空间只存在于城市之中，是以他们的公有地权得以保障的，人的自由则是通过分散的私有地产得以保证的。在日耳曼的生产方式中，他们缺少共同的生存空间，他们的自由是建立在分散的私人地权之中的。在亚细亚生产方式中，只有公共生存空间而没有自由的私人空间和个体自由。因此，马克思也将这种生产中制度称为普遍的奴隶制。

使用价值作为社会形式正是建立在这种原生形态的生产方式中的，但是随着剩余劳动产品的产生和发展，产生了交换及交换价值形式。交换价值形式相对于使用价值形式，具有打破这种空间局限性的特点，而且它本身就是在打破这种原生空间生产方式中产生出来的。马克思说商品的交换只能发生在共同体的边缘上。

作为社会形式的使用价值具有极大的优点，公社成员可以比较平等和谐地生活在一起，其缺点是空间局限性，还有就是需要的比较粗糙。而作为社会形式的交换价值虽然能够打破空间局限性，但是人们有了通过交换价值来控制和支配他人的权力，从此人类开始受到一种除去自然之外的社会的异己的权力的支配。这是因为，人的需要多样化、丰富化了，通过控制满足需要的对象就可以控制人的需要的满足，从而控制了人的意志。

特别是在资本主义社会中，人的劳动力就是商品，从而也成了交换价值，有了自己的价格和工资，每个人都通过工资来获得世界市场上丰富的劳动产品。在这种交换价值形式中，人类获得了自己的世界历史性存在，通过商品，世界市场打破空间局限性。但是人类从来没有从生产上打破这种空间局限性。也就是说，人类还没有像原始共同体那样形成一种自给自足的自为存在。在世界市场上，交换价值支配着整个的人类劳动的分配方式。因此，整个世界的生产是在一种各自独立的、缺少自觉联系的、机械的、分离的环境中进行的。

第五章　资本主义异化时空的
　　　　　自我否定及其当下表现

第三章我们着重对资本主义社会异化时空进行批判，第四章我们揭示了社会时空的本质维度的两个方面：作为社会时空内容的价值和使用价值以及作为社会时空形式的交换价值。但是，资本主义的异化时空不是静止的，它必定要寻求其本质的复归。也就是说，资本主义的异化时空必然要否定自身。而在否定自身的过程中，其所指向的未来的社会时空是怎样的呢？这就是本章探讨的内容。在第一节中我们主要从本质方面来探讨其运动过程。在第二节的全球化中，我们主要从现象来看其运动过程。全球化本身就表明人类共同的社会时空的生成，当然这个世界历史的社会时空还是一个资本主义的异化时空。

马克思曾经把人类社会分为三大阶段，分别是血缘共同体、货币共同体和自由人联合体。在血缘共同体中，人类的社会时空是地域性的封闭时空，其社会文化空间受他们地产结构影响，前面我们谈到社会原生时空就是对三种前资本主义共同体的社会时空的特性的分析。但是在这种社会时空中，它与人的本质是同一的。这三种原生社会时空都发生过自我否定，产生了各种分裂对抗形式，如奴隶制、农奴制等，也产生了各种文明，如中华文明、古希腊和古罗马文明、日耳曼文明。但是只有日耳曼文明才能建构其资本主义文明，因为，在日耳曼原生形态中，共同体已经不能作为一种空间上的共同体而存在，其"体"并不存在，仅仅表现为一种联合，不像古希腊有一个城市作为其共同体的有形空间。正是日耳曼文化中开放的社会空间，为货币共同体的世界历史建构提供了文化前提。但是货币所提供的国际社会交往空间不是一蹴而就的。首先是在地中海地区形成了一个区域性的货币共同体，一种国际贸易体系。然后，通过殖民主义的方式扩展到世界的其他地方。

早期的世界殖民主义并不改变被殖民地区的社会结构，这在《资本论》中讲得很清楚，而且资本主义的生产方式不能照搬到这些地方去，因为这些地方的生产者和生存空间没有发生分离，因此在第二次世界大战之前的殖民主义时代，货币共同体所提供的国际社会空间，如同一个空盒子，将不同文明的族群装在一起，这种方式直到第二次世界大战结束。这仅仅是一种交换价值所提供的全球化空间，更多的是一种贸易全球化，还不是生产关系的全球化。

"二战"结束后的冷战格局，不能仅仅理解为共产主义和资本主义两种意识形态之间的对峙，还应该理解为一种全球化的调整期，理解为一种逆全球化过程，理解为两种国际社会时空的对立，理解为东西方两种全球化模式的对立。正是在两大阵营对立的过程中，进行了民族解放运动，正是各个殖民地国家取得自主发展权，才采用了优先发展重工业和进口替代战略，这些发展战略现在一般都被给予了否定的评价，但是，从历史发展的长时段来看，其意义却是积极的，因为正是这种调整，为20世纪70年代开始的新型全球化即生产关系的全球化提供了国内条件。在两大阵营内部所提供的国际社会交往空间也非常不同，在华约组织内部实行的是援助与对其他社会主义国家进行控制相结合的方式，不顾其他国家的特殊情况，盲目自信苏联模式。在北约组织内部则采用以美元为核心的布雷顿森林体系以及后来的牙买加体系。正是美元取代黄金成为国际货币，为人类历史上第二次全球化提供了国际交往空间，以此为前提的世贸组织和各种国际组织，则为其提供了作为上层建筑的制度空间。但是，美元作为支付手段和储藏货币的职能之间总是发生矛盾，这导致了国际分工的层级化空间的产生。美国从生产国转变为消费国，主要依靠虚拟经济支撑其经济发展。

  美国作为整个全球生产和国际贸易的上层建筑，承担着国际社会的大部分职能，美国的军队全球布控，其世界警察的角色与其在国际经济中的地位是相互联系的，因为美元霸权与军事霸权是相互依托的两方。直到2008年金融危机爆发，美国才开始意识到，这一轮全球化模式已经漏洞百出，而且也反噬了美国经济自身。奥巴马上任后，在国内积极推行"再工业化"，在国际贸易中积极建构TTP，在国际政治和军事上实行重返亚太战略，中日、中菲、中韩、中越、中印之间都因边界问题发生争端。特朗普上任后虽然推翻了奥巴马的"再全球化"战略，但是有两点他们是一致的，经济上的"再工业化"和军事上围堵中国。有人提出了"新冷战"来描述这场贸易战。我们看到，在奥巴马重返亚太的时候，主张用一种意识形态的力量来围堵中国，但是到了特朗普上任，就赤裸裸地采用了贸易战，而且不再顾忌国际道义和价值观，正是如此，使得日本和印度反而跟中国改善了关系。美国正在推翻曾经一手建构的国际交往的制度空间。旧的国际交往空间正在失序，新的国际秩序也正在构筑，中国提出的"一带一路"和构建人类命运共同体的倡议，必将为国际空间格局提供一个新的蓝图。

第一节 从资本的自我否定看价值存在的未来形式（物的解放）

在资本主义的生产方式中，价值总量总体上处于加速膨胀状态。由于资本利润率下降的作用，当价值膨胀到一定的程度，就会出现萎缩，价值总量的萎缩就是资本的自我否定过程，马克思称之为价值革命。加速膨胀与自我萎缩之间的运动循环，所表现的不过是物质财富增长与社会必要劳动之间的反比例关系。在物质财富一定的情况下，价值总量会随着生产力的提高而缩小。只有新的使用价值投入到资本中的时候，才能使价值总量处于一种膨胀趋势。但是，这种反比关系必然会达到一个极点。在这个极点之后，即便有新的使用价值被发现，价值总量也还是会处于萎缩之中。因为，此时人的使用价值，即人的才能的自由发挥成了人的第一需要，资本的历史使命就会终结，一种新的生产方式将取而代之。

《资本论》第一卷本身有其独立的逻辑，这就是马克思在此卷末尾所提到的，资本主义占有方式是对私人所有制的第一个否定，将来的生产方式是对资本的否定，这种否定不是重新建立私有制，而是在人类共同占有物质财富前提下的个人所有制。因此，资本的自我否定所要走向的最终方向是共同占有下的个人所有制度。那么人类如何共同占有社会生产条件呢？

一、从交换价值来看资本的自我否定

马克思把人类社会的发展分为三个大的阶段：第一大阶段是血缘共同体，我们所探讨的社会存在的原生时空，就是阐明血缘共同体阶段的社会时空的不同原生类型及其社会时空的分层；第二大阶段是货币共同体时代，在这个时代，主观地存在于劳动者身上的劳动时间和客观地存在于资本上的生存空间发生了分离。第三大阶段是自由人联合体，这时人类共同生活的社会空间已经建构完成，人的时间表现为自由活动时间。

原生社会时空与人的存在的狭隘本质是直接同一的，尽管在社会原生时空的分裂和分层中有一定的断裂，但是原生社会时空所构建的文化空间基本弥合了这种分裂,因此可以达到一种相对的统一。然而,在资本主义所建构的异化社会时空中,人与人的本质直接处于对立的地位,社会时间与社会空间处于一种激烈的躁动和冲突中。资本作为人类生存的社会空间,不断地改变自己的结构,不断瓦解各种原生社会的空间,它试图为人类提供一个共同体生存空间,这就是世界的一体化过程。

按照《资本主义全球化》这本书的看法,"二战"前与"二战"后世界经济的一体化模式是不同的。"二战"前世界经济的一体化主要集中在商业领域中,主要体现为贸易全球化。那时候,还存在着一些前资本主义的生产方式,它们为资本主义的剩余价值的增值提供了必要的交换价值和世界市场(卢森堡的《资本积累论》)。"二战"后很多国家取得了民族独立,并且采用了优先发展重工业的追赶策略,解放了大量的农业劳动,从而游离出自由劳动力,为资本的全球性扩张准备了新的历史条件。特别是20世纪70年代后,发达国家内部的资本积累已经饱和,剩余价值的实现和积累在当时的世界经济体系内部已经难以维系。这就要求他们将自己的生产体系转移到别的国家,寻求更为廉价的劳动力,这就是资本主义国家所谓的"去工业化"和"后工业时代"。到2008年金融危机为止,发达国家已经将本国大部分的工业生产力转移到人口众多的发展中国家,基本形成了资本主义生产关系的全球化。在这种国际经济结构中,处于基础地位的是发展中国家的劳动密集型产业,而处于这个基础上层的则是发达国家的金融、股票、国债等虚拟经济,形成了世界经济的层级分工体系和资本的国际循环体制，出现了国际社会空间的分层。

资本主义国家去工业化的主要后果是国际贸易差额的扩大。跨国公司将原先国内的价值产业链，转变为世界产业价值链，使国内生产关系，转变为国际生产关系，无形中加大了国际贸易的总量。20世纪70年代以来，跨国公司和新自由主义经济成为生产全球化的主要表现形式，这就导致了巨大的贸易差额，特别是中美之间贸易差额的扩大表现得最为明显。而2008年的金融危机不过是原先国际分工和流通体系矛盾的总爆发，是国际社会空间结构失衡的一次大调整。

马克思说，由于资本竞争的内在规律，资本主义只有不断地变革其生产工具，从而不断地变革其生产方式才能生存。而生产工具的变革，能不断增加不变资本在资本价值有机构成中的比例，从而使得利润率不断下降。在本国劳动力价格一定的情况下，他国的廉价劳动力就成为生产的必要条件。资本主义的工业生产，如果可以一直以他国的廉价劳动力来实现资本的国际积累，就必须以世界上有一定数量的贫困人口为前提。但是这必然与生产国人民的普遍愿望相矛盾。于是就产生了要么革命，要么就提高劳动者生活条件之间的矛盾。直到世界上的贫困人口，再也不足以为资本的积累提供可剥削的生产条件，一场消灭劳动密集型的产业革命就会来临。

这时候，国际分工的空间格局就会由生产关系领域进入到生产方式领域，从而实现全球生产方式的一体化，实现生产空间的全球化。这时候，真正意义的世界工厂才能从地球上建立起来，生产的自觉性和自动化才能达到一定的水平，人的普遍交往才能从全球生产方式的一体化本身中培育出来。如果不消灭发达国家对于先进生产力的垄断权，就不可能实现世界生产的一体化。现在一体化进程最为突出的是欧洲一体化。但是欧洲一体化进程并没有触及生产方式一体化的根本。欧洲一体化仅仅是资源一体化、市场一体化和货币一体化等，这些一体化进程虽然为生产方式一体化提供了条件，但也仅仅是生产方式形式上的一体化。现在德国提出的"工业4.0"是生产方式一体化向内容方面迈进的一大尝试，因为，这意味着将整个行业甚至整个国家链接为一个工厂的努力，使各行业间的交往和消费需要与生产之间建立必然联系。但是，在生产空间的全球化中，有一些力量起到了阻碍作用，首先是各种原生社会时空所建构的文化空间为生产空间的一体化提供了障碍，为此必须实现文化空间的内部整合；其次是美元所主导的国际交往空间可能会抵制这次生产空间的全球化。

二、从使用价值来看资本主义的自我否定

前面在"作为使用价值的生存空间"一节中，已经对使用价值对于社会空间建构的意义进行了论述。马克思曾说过，生产工具是生产关系的指示器，但是他又谈过相反的论述，他说机器就是机器，只有在资本主义生产关系中，它才是资本。前者是生产工具所建构的生产空间，后者是生产关系所建构的社会空间。使用价值与交换价值之间、生产空间与社会空间之间必然会产生矛

盾。如果它们相适应就相互促进，如果他们不相适应就会彼此拖累。

前面我们论述社会存在的原生时空的时候，就已经谈过为什么中国近代没有产生资本主义的生产关系。这里我们可以从生产空间与社会交往空间之间的关系做进一步说明。首先，在前资本主义社会中，自然的生产工具——土地是主要的生产力，土地的空间结构就会产生不同的原生社会时空，这是生产空间转化为交往空间和文化空间的过程，交往空间和文化空间一旦形成就有一定的独立性，一方面，原生的空间关系依然作为一种物质力量在起作用，另一方面，这些物质力量似乎也有了自己的灵魂，与文化空间和交往空间相互依存。在近代，资本主义之所以能够在欧洲产生，其中的原因不能仅仅从生产力角度来看，更要从社会交往空间和文化空间来看。因为，农村生产力的发展能否解放为城市中的工业力量主要取决于原生社会时空所提供的文化空间和交往是否给这些解放出来的生产力提供自由发挥的空间，在我们看来，只有日耳曼原生社会时空能够为此提供一个自由翱翔的空间。在《资本论》中，马克思提到的劳动对资本的形式从属和实质性从属的差别就在这里。只有到了资本主义第一次工业革命的爆发时才能说，资本主义的生产方式真正开始。在工业革命之前，在大工厂生产之前的工场手工业阶段，我们看到的生产工具只是做了一些拆分，社会存在的物质方面看不出跟封建社会有太大差别，差别仅仅是社会关系方面产生了雇佣关系。

此外，我们认为文化空间、社会交往空间对于物质生产空间具有导向性作用。例如，为什么美国的科技水平高，但在电子支付和共享经济方面落后于中国，这跟中国的制度空间和文化空间有很大关系，它表明文化空间的意义指向性会带来技术和科学的变革。

以我们正在推动的"一带一路"和"人类命运共同体"的国际社会空间秩序为例。一方面，"一带一路"作为基础设施建设，对于"一带一路"沿线国家的生产空间的一体化起到积极作用。另一方面，"一带一路"沿线国家之间的国际社会空间关系必然发生改变。印度就是因为害怕国际社会空间结构的调整，才对"一带一路"保持观望态度。我国倡导的"人类命运共同体"是对当下美国主导的单边主义的国际秩序的调整，而美国当下进行的单边的贸易保护主义政策，又使得印度开始拥护中国建构的"人类命运共同体"，从而开始对"一带一路"建设产生积极作用。

使用价值从主观方面来看就是人的需要。在自给自足的生产方式中，生产的动力是人的低级需要。而在资本主义社会中，人的生产动力则是对剩余价值和利润的追求。正是在资本主义生产中，发展了人的需要的多样性和层次性。因此在个人所有制的社会中，生产的动力应当是按照个人自己的需要进行生产。自给自足的需要是单一的没有普遍性的、自为的产品；在资本主义生产中，需要具有普遍性和多样性，商品是为他的；在个人所有制中，人的需要不仅仅是普遍的和多样的，而且产品是为他和为我的统一。在自然经济中，劳动者以自己的特殊的体力劳动为中介，来满足自己的特殊需要；在资本主义经济中，劳动者以货币为中介来满足自己多样和普遍的需要；在未来，则是以能够充分收集和处理供求信息的自动化的机器劳动为人生产产品。

在未来生产方式中，"需要"既是物质生产的尺度，也是分配的尺度，因为将来作为社会生产的动力就是人的"需要"，那就要以人的需要的发展为前提。在资本主义社会发展的动力则是"致富欲"，是资本的需要。在资本主义生产中已经在"培养社会人的一切属性，并且把他作为具有尽可能丰富属性和联系的人生产出来"①。特别是进入互联网时代以来，对于被动性的消费品的需求已经开始让位于积极参与性的消费品，特别是互联网、电脑、智能手机等，这些消费品同时也是生产资料，它们产生了人与人之间新的交往形式，而且正在将人的消费和生产统一起来，如"私人订制""个人制造"等生产理念。"互联网＋"和"工业4.0"正反映着消费和个性化的交往对生产的作用。

同时，我们应该看到消费主义的意识形态对生产起到的负面作用，因为人的生命周期是有限的，这就决定了在人的一生中需求的物质界限，而消费主义的意识形态则通过货币的力量来无限夸大这个界限，从而使人的需要层次难以提高。

从消费与生产相统一的角度来看，个人所有制与自给自足的自然经济的生产方式有相似性。但是，个人所有制所使用的生产力是社会的普遍生产力，是人类共同占有的生产力，而自给自足的生产方式使用的生产力是具有地域局限性的生产力。

---

① 《马克思恩格斯全集》第30卷，人民出版社1995年版，第389页。

那么生产力的普遍化或者普遍的生产力是怎样完成的呢？在资本主义下否定分工的片面性是通过市场上的商品交换来实现的。在"工业4.0"中，在把所有的生产企业进行互联互通的前提下，每个企业生产中的供求关系都可以明确计算。在按照人的需要进行定制的情况下，就可以消灭商业，从而消灭货币。当然在最初的时候，"定制"并不占据大多数，但是随着生产的发展，"定制"将成为主导。在"工业4.0"的完成形式中，具有将世界连接成一个"工厂"的趋势，从而也就类似于自然经济中的自给自足的生产方式。

因此，我们说对社会生产力的共同占有下的个人所有制，就是要将各个"自发分工"的工厂，通过互联互通实现供求信息共享，从形成"自觉分工"的工厂。随着劳动力国际竞争的结束，劳动力价格必然带来成本的增加，使得资本主义发达国家的去工业化变为再工业化，不断实现以"机器人代人"，为最终消灭工业"劳动"创造了条件，也为消灭工业分工创造了条件，从而为消灭其他分工创造条件。

只有让世界的"无人工厂"成为人类生活的一般条件，才能让人从异化的劳动中解放出来，使自由劳动成为人的第一需要。这时候，人的需要也就去除了"消费主义"等一切虚伪的外表，成为生产和分配的内在尺度。个人所有制，无非就是按照个人意志和需要进行社会生产，也就是个人通过社会来满足自己的需要。它不是通过体力劳动，也不是通过剥削进行生产和分配，而是通过完成了的"智能工厂"和人的普遍交往进行生产和分配。

在原始的共产主义中，只有公有财产，个人占有；而在未来的共产主义社会，则是在共同占有下的个人所有。因此在原始共产主义中，支配生产的不是个人，也就是说，不是按个人的需要生产，而是按照共同体的需要进行生产，生产的目的表现为生产共同体本身，个人仅仅作为共同体的肢体而存在。在这种所有制中只有共同体的自由，没有作为个人的自由。在未来的共产主义生产方式中，生产的目的是作为人的个体，或者作为个体的人。按照个人的特殊需要进行的生产，要以人类本身对"自动化生产体系"的共同占有为前提。这种生产力首先作为一种客观的生产力，实现了人的本质的自然化（自然科学变为机器的自然力）。这种客观生产力不仅为人类的生存提供了保证，而且为人的自由活动提供了条件，为人的主观生产力的发展提供了条件。只有在这个时候，人才从物质条件和社会形式上成为自由自觉的存在，从而占有自己的类本质。

三、价值存在的未来形式

在资本主义的发展中，为了克服交换价值统治的自发性，产生了各种生产的自觉性体系，包括国家资本主义和计划经济两种基本模式。国家资本主义就是通过国家对生产的参与来调整生产活动。虽然这种模式起到了积极作用，但是其局限性却通过各种危机形式表现出来。以苏联为代表的共产主义模式，采用了更为自觉的计划经济模式，但是，在社会必要劳动时间还比较长，社会剩余劳动时间和自由劳动时间比较短的生产力水平下,需要一个高度集权的国家体制。这种模式最终会导致国家机器过度臃肿,增加体力劳动者的负担。虽然在一定时期内起到了积极作用,但是其对公民的生活自由、社会自由的控制则不适应人类发展的自然规律。"二战"之所以发生,就在于国家对经济生产的民族自觉与世界经济自觉之间的矛盾。在"二战"之前,世界经济的一体化主要通过交换价值来实现,"二战"后,世界经济的一体化逐渐发展到生产一体化,而生产一体化的条件跟美元作为世界货币的地位的确立联系在一起。如果我们把整个世界作为一个国家看待的话,这个国家需要一个流通的货币,而美元就起到了世界流通货币的功能。我们知道,作为国际货币的美元跟作为世界流通货币的美元的职能是不同的,前者是"二战"前国际货币的特点,而后者则是"二战"后所产生的世界流通货币的功能,这就是"二战"后美国的新自由主义经济的现实基础。

美元既起着国际流通货币的职能,又起着世界财富货币的功能,作为前者它是积极的,作为后者它又是过时的、陈旧的。因为作为世界货币,美元就是实在的财富,就是金银,似乎美国可以不花费任何劳动就生产出财富,美国的货币霸权把古代的炼金术变成了现实,这就是美国在世界上可以充当世界警察、建立全球的军事体系的原因。苏联之所以被美国的军事竞赛拖垮,并不是因为苏联投入的资金比美国多,而是因为苏联没有美元的"炼金术",因为美国可以用无所不能的美元调动世界的一切力量。但是美元作为世界货币和国际流通货币的矛盾也在不断加深,主要表现在贸易逆差方面。美国不能总买不卖，可是借助美元，美国在一定限度内总可以只买不卖，这样就导致美国国债的叠加，这种叠加没有减少的迹象，只有增加的可能。冷战时期，美元之所以能够作为世界流通货币使用，是建立在美国强大的生产能力之上的，但是，随着产业价值链的转移，美国的制造业也在转移，使得美国成了世界上第一消费大国，如果美国可以让这些消费生产出更有创造力的个人主体生产力，那么美国依然可以通过控制高端的知识产权专利来还债，维护美元霸权。但是，我们却看到这样一个现实，美国并不是用自己的高技术来维护美元，而是利用高技术的世界性军事力量来维护美元的霸权。过去是美元维护了美国的军事霸权，现在则是用美国的军事霸权来维护美元的国际职能。这说明美国的世界方案前途未卜。

美国的贸易逆差逐年增长，而且其进出口贸易总额在 2015 年已经被中国赶超。这说明中国对世界经济的参与度已经从总量上超越了美国，人民币作为一种国际流通手段的物质条件已经具备。中国建立自己的国际经济体系的方式与美国不同，美国的国际经济体系是从流通货币领域和军事方面来建构的，中国则走了国际基础设施建设的道路，中国现在的"一带一路"建设特别能够代表这种方式，也就是说，在整个亚洲甚至是亚欧地区建立一种一体化的生产构架。这种一体化绝对不是制度的一体化，而是生产工具的一体化，这种一体化的建构为亚洲各国的合作以及亚欧合作提供了一个世界大生产的框架。如果整个世界工业生产实现了一体化，那么整个世界经济的自觉就不是一件很遥远的事情。特别是德国提出的"工业4.0"构想，基本上就是一个德国的完全自觉化、自动化的生产工具。这种生产不仅仅单纯地生产产品，而且特别注重需求以及各个生产环节之间的联动与互通。如果德国这个庞大的"国家生产机器"能够推向欧洲，那就是一个"欧洲生产机器"，如果可以扩展到世界，那就是一个"世界生产大机器"。这个生产大机器类似于第二个地球、第二个世界，在整个世界大机器的生产过程中所需要的社会必要劳动时间已经大为减缩，再加上因为消灭了战争、动乱等，为了维护社会秩序所需要的"国家机器"被"机器的国家"或者"机器的世界"所代替，那么整个的社会必要劳动时间将被压缩到难以想象的程度，社会必要劳动将成为每个世界公民的"义务劳动"。

那么，到时候是否会出现历史的终结呢？恰恰相反，人类的历史才刚刚开始。如果说前资本主义的历史形式是自然形式（使用价值），资本主义的历史形式是社会形式（交换价值），那么将来人类存在的形式必然是建立在人类普遍交往和共同占有下的自然形式，即使用价值形式。将来的共产主义绝不是将人发展为一种模式化的、死气沉沉的机器人。在将来的共产主义中，自由劳动将成为人的第一需要，以人的自由联合为前提的使用价值本身将成为人类的历史形式。如果说在过去的历史中人类历史具有统一结构性的话，那么在消灭了私有财产之后，这种模式化的历史将走进终结，人类历史的共同性结构将被世界机器这种有机生产工具所替代。马克思说生产工具是生产关系的指示器，那么在共产主义社会中，生产工具本身就是一种社会关系。如果说私有制社会中，社会关系是人的本质。那么生产工具本身作为社会关系所体现的正是人的共同本质，是人的本质的一种完成。人的自由个性和一种新的历史形式将会到来，一种广阔的生存空间将被敞开，一种灵动的生命活动将得以呈现。

第二节 从"去工业化"与"再工业化"的辩证运动谈工业的全球化

"去工业化"与"再工业化"是当今世界经济领域的一种普遍现象。但是，从马克思主义的角度来看，"去工业化"与"再工业化"不过是资本内在矛盾在生产关系国际化中展开和发展的过程。本章通过研究"二战"后国际生产条件的变化，探讨了去"工业化"与"再工业化"得以展开、终结的历史过程，并运用唯物史观理论，对这一经济现象进行生产关系的还原。而这一历史现象的根本就是国际社会时空的自我运动。

一、工业化的辩证之思

中国正在进行产业结构调整，有人提出这是去工业化过程，要大力发展服务业。但是在发达国家，一部分产业的"去工业化"必然伴随着其他产业的"再工业化"，"去工业化"不过是劳动密集型产业的国际转移，是劳动剥削方式的国际化。从现象上看，我们可以说某个国家"去工业化"。但是从整个世界来看，则是工业的全球化。总之，世界不可能整个地"去工业化"。当世界上最后一个民族成为廉价劳动力国际转移的避难所之后，劳动密集型产业自身就会被消灭。劳动密集型产业的消灭就是工业劳动的资本主义剥削方式的消灭，从而促使依附于工业劳动上的商业、金融以及其他服务业的剥削方式灭亡。因此，工业劳动的消灭，将为一切劳动剥削的消灭提供物质前提。

从20世纪70年代开始，低端价值产业链开始从资本主义发达国家转移到发展中国家，这个过程被称之为"去工业化"，即进入"后工业"时代。这个过程导致了发达国家的进口量大增，从而出现大量的贸易逆差和国家债务。发达国家通过国家债券，让作为债权人的发展中国家把通过贸易逆差得来的美元等国际货币，又投入华尔街等国际金融体系，再通过发达国家的金融体系将这部分国际货币资本投回发展中国家，在国际资本循环中，赚取更多的利润。然而，2008年金融危机的发生，使发达国家开始意识到，这种不断扩大的贸易逆差与金融投资的循环体系已经不能持续下去了。为了破解这个困局，实现世界经济的转型，发达资本主义国家提出了"再工业化"战略来重整实体经济。为了保护国内工业生产力，发达国家的贸易保护主义开始抬头，一种"去全球化"的趋势开始兴起。在经济上，表现为世界的贸易总额在下降；在政治上，表现为英国脱欧、美国的贸易保护主义、TPP试图建构的封闭性经济圈、亚太再平衡等。最近特朗普的"退群"就是他试图否定整个国际社会的上层建筑来调整美国的产业结构。所有的这一切，其实是经济的"再全球化"，是世界经济产业结构的再调整。

有人认为，可以把劳动力向服务产业转移。但是从美国经济来看，在服务业中，有一半以上是生产性服务业。总之，工业依然是整个资本主义生产方式的基础，服务业只是在这个基础上生存。例如，当美国的金融服务业丢失了网络技术产业的支撑时，它去寻找房地产业这个老古董，终于导致了2008年的次贷危机，而次贷危机又导致了整个欧洲的主权债务危机。发达国家的主权债务是由国际贸易逆差所导致的、特殊的国际资本循环体系引起的，国际贸易逆差又是因为资本主义的"去工业化"与国际生产结构失衡导致的。这次危机使他们意识到必须实现"再工业化"。然而，美国的钢铁、数控机床等高端技术一直在美国国内生产，美国为中国引进这些高端技术设置重重壁垒，在高端制造产业方面他们从来就没有真正地"去工业化"。因此所谓的"再工业化"不过是世界生产结构的再调整。

二、资本的自我否定与"去工业化"

"去工业化"就是劳动剥削的国际产业转移，也就是我们经常说的劳动密集型产业的国际转移。劳动密集型产业是相对于资本和技术密集型产业的界定，是从所使用工人的工资与资本的比例关系来确定的。从马克思《资本论》的角度来讲，就是从可变资本与不变资本的比例关系来确定的。在可变资本与不变资本的比例中，按照马克思的分析分为技术构成和价值构成两个部分。技术构成是从生产力的角度来看，单个劳动力在与物质生产力结合的情况下的劳动生产率，而价值构成则是从生产关系的角度来看，单个劳动力的价值与所使用的物化劳动价值的比例关系。

按照资本主义的自由竞争规律，在各个生产部门中，只要有一个企业提高了劳动生产率，调高了企业的个别生产条件和生产力，就会获得相对于在社会一般劳动生产条件和生产力的超额利润。这样各个企业为了追求更高的利润，竞相采用生产力更高的生产设备，从而提高了整个行业和部门的劳动生产条件，也就使得个别企业的超额利润降低为整个行业的平均利润。

但是在社会需求不变的情况下，一个部门所提供的使用价值是一定的，如果超过这个限制就会发生生产过剩。原来有比较多的人所从事的行业，现在由于生产效率的提高，必然会使一部分工人游离出来，形成过剩劳动人口。这种劳动生产率的提高如果不是发生在所有领域中，就是结构性劳动过剩。如果发生在所有领域，那么就会发生整个社会的相对劳动过剩，也就是出现大量失业工人。

从动态的角度来看，社会需求并不是一个定量，而是一个变量，是不断发展的。需求的界限受到对外贸易和国内有效需求的限制，而国内有效需求则受到工人工资水平的限制，工人工资又受到利润的限制。总的来讲，需求不足是资本主义工业时代的一个基本特征。

在"二战"前，资本主义国家并没有发生过"去工业化"的过程。因为，世界上有很多非资本主义国家存在，他们解决这个矛盾的主要手段是将这些非资本主义国家作为自己的殖民地，实行对外贸易。而国内的有效需求环境并没有发展起来。

随着共产主义运动的发展和工联主义的发展，工人不断地联合起来，跟资本家进行集体谈判，他们不断地要求提高待遇和工资。因此，国内工人工资待遇的提高也降低了资本家的利润。此外，随着"二战"后大部分国家实行"进口替代"政策，向发展中国家大量出口商品的可能性已经不大。于是，在资本主义国家，一方面他们只有加速用机器代替工人，降低生产中的劳动成本；另一方面实行福特主义的生产方式，增加规模效益；最后，则是采用了凯恩斯主义的国家福利主义，加大国内有效需求，来实现资本的发展。

从20世纪60年代开始，资本主义发达国家的经济出现了饱和，发生了1960—1961年的经济危机，劳动密集型产业开始向外转移。这时世界其他发展中国家和地区都实行的是内向型经济，只有韩国、新加坡以及在政治上依靠英国的中国香港、依靠美国的中国台湾实行了外向型经济，成功地嵌入到国际价值产业链条中，从而促进了经济和产业结构的调整。

在20世纪七八十年代，这些最早接受世界价值产业链转移的国家和地区也达到了当时经济发展的饱和状态，此时，资本主义主要国家连续发生了三次经济危机，劳动密集型产业链条开始向东南亚的泰国、菲律宾、印度尼西亚、马来西亚等国以及拉丁美洲等国转移。因为金融领域的过度开放，1997年爆发了东南亚金融危机，劳动密集型价值产业链开始更多地向中国转移，特别是在中国加入WTO之后，转移的速度进一步加快。但是，中国并没有在贸易和金融领域接受新自由主义的意识形态，而是根据中国的国情，有步骤地参与到这次全球化进程中。

2008年爆发了美国的次贷危机，随后欧洲债务危机爆发，说明资本主义的国际生产体系又达到了一次新的饱和。劳动密集型价值产业链又开始从中国向东南亚、拉丁美洲、南亚等国转移。世界经济产业转移的周期一般都是10—20年，前10年以劳动密集型产业为主，技术密集型产业为辅。而到了后10年开始产业结构调整，从劳动密集型向技术密集型转移。例如，20世纪60—70年代，亚洲四小龙高速发展；20世纪70—80年代，一部分劳动密集型产业开始向亚洲四小虎转移。但是，东南亚国家并没有顺利实现向技术密集型产业的转移，而是陷入了"中等收入陷阱"，其根本原因有两个：一是，有更为廉价的国际剩余劳动力，比如当时的中国；二是，可以通过金融的国际流动，快速抽空发展中国家资本的原始价值积累，这样发达国家就可以弥补贸易产额所带来的主权债务积累，东南亚金融危机就是一个典型的例子。但是因为中国经济体量很大，国家外汇积累雄厚，发达国家的资本没有机会"故伎重演"、如法炮制对东南亚的金融掳掠，所以他们发出了"撬动地球易，撼动中国难"的感慨，于是他们就不断叫嚣中国是汇率控制国。

三、从"去工业化"到"再工业化"的历史演进

我们必须明确,为什么战前资本主义国家没有发生"去工业化"。从马克思资本的原始积累理论和对殖民地经济的分析中,我们可以看得很清楚,资本主义生产方式的建立,必须满足的条件是劳动力与生产条件的分离。在"二战"前,发展中国家没有实现劳动力与生产条件之间的分离。因此,不可能在殖民地找到廉价工人,除非这是以奴隶的方式进行生产,这种非常耀眼的形式就是美国的蓄奴州。在当时的生产力条件下,即便能够在殖民地找到些许劳动力,但是殖民地更低的劳动力价格必然导致更大的剥削,从而加强他们的反抗。特别是在大工厂制度下,工人更容易联系和团结。因此,在当时的生产力水平下,一方面资本主义国家不仅不能找到劳动力;另一方面加大的剥削和奴役会使这些工人走向联合。马克思所讲的殖民地的情况是前者的例子,社会主义国家苏联和社会主义新中国的诞生则是后者的例子(多重剥削的叠加效应)。因此,如果不考虑生产力水平,他们不仅不能像现在一样转移劳动密集型产业,即便转移也是在转移革命。因为,"二战"前的国际剥削主要是绝对剩余价值剥削,而"二战"后的国际剥削主要是相对剩余价值剥削。前者以劳动力的时间为主要尺度,后者以科技进步和生产自动化为主要尺度。

"二战"前的大萧条表明资本主义在当时的世界经济体系中已经走到了尽头。当时,资本主义国家加强了国家的调控政策,特别是福

特主义的生产方式和凯恩斯福利政策促使资本主义不断地追求规模经济带来的劳动生产力的大发展。"二战"后日本依靠"二战"前的工业基础以及在朝鲜战争中美国的大量工业订单,使重工业重新得到发展;欧洲通过马歇尔援助计划以及欧洲经济一体化也实现了工业的迅速重建。而日本与亚洲四小龙正是在世界欠发达地区和社会主义国家被隔离在国际贸易之外的时候采用了开放政策。在世界欠发达国家和社会主义国家发展内向型经济的时候,他们发展了外向型经济,从而使资本主义主要国家的劳动密集型产业迅速向这些国家和地区转移。在资本主义发展的"黄金时代",生产力提高的同时,社会财富总量得到极大提高。各资本主义国家之间的直接投资水平也在扩大,标志着各个发达资本主义国家将自己的生产链条嵌入了其他发达资本主义国家中。

如果说"二战"前经济全球化,主要是限定在国际贸易领域的话,那么现在的经济全球化就是转移到工业生产领域的一体化。而随着工业生产在主要资本主义国家之间的加强,国际贸易差额不断扩大,国际货币主要是用于结算贸易差额的,如果贸易差额的扩大超过黄金的供应量就绝对会发生危机,"二战"前英镑与"二战"后的布雷顿森林体系其实就已经开始为这个矛盾的解决提供手段了。但是,随着主要资本主义国家之间的贸易方式由制成品变为产业结构中的半成品的增加,这个矛盾一下子凸显出来,从此美元结束了与黄金挂钩的兑换比率,牙买加体系建立了。自此国际货币的变革为20世纪七八十年代开始的发达国家大规模的"去工业化"提供了一种新的经济交往方式。

在20世纪七八十年代，随着世界经济规模的扩大以及亚洲四小龙和日本经济的结构调整，这些劳动密集型产业开始向拉丁美洲和东南亚一些国家聚集，但是，这次转移并没有给这些国家带来像日本、韩国、新加坡、中国台湾、中国香港等国家和地区一样的繁荣，而是随着1994年墨西哥金融危机、1997年亚洲金融风暴的发生，这些地区的经济开始陷入衰退中。

在这个时期，世界各个国家基本都产生了大量的剩余劳动力，这些劳动力已经跟生产条件分离。东南亚、拉美和中国这些国家为资本的世界扩展准备了充分的劳动力的原始积累，这些国家的工业体系也为他们提供了良好的条件。如果说，"二战"后到20世纪70年代前期的生产全球化具有地域性质，只有少数几个国家，70年代至今则是真正意义上的生产全球化，世界上的绝大部分国家和人口都加入进来了，这些世界劳动力开始了彼此竞争，使得劳动力的价格一降再降。于是，这些资本主义国家把原先的公有财产、国有财产全部卖掉，让资本在世界的舞台上再次翩翩起舞，一切完美了，以至于学者福山在苏联解体后写出了《历史之终结与最后一人》一书。然而恰恰相反，世界生产的人类史才刚刚开始，资本的文明作用才刚刚作为世界史来书写。

如果说，对于发达资本主义国家来说，牙买加体系之后的新自由主义是资本的自由竞争的话，对于发展中国家来说，就是劳动力的自由竞争。因此，在这些国家生产力水平刚刚提高，劳动力价格刚刚上涨，还没有实现产业结构的有效调整的时候，就有来自新的自由开放的发展中国家的劳动力市场的竞争。中国与东南亚、拉丁美洲，就是这样的关系。因此，经济学家将这种发展中国家经过高速发展之后，工人收入提高到中等收入就陷入停滞不前的状态称之为中等收入陷阱。但是，他们没有看到世界的劳动生产力发展带来的社会财富的扩大，以及劳动力密集型产业在自己的发展中正在消灭自己。总之，这次世界经济危机将会极大地刺激科技创新，使得新材料、新能源等产业再次被作为一种新的使用价值生产出来，为资本主义"续命"，从而根本上取消自然资源在社会发展中的空间局限性，为一种崭新的共产主义世界生产形式奠定物质基础。与这个过程相伴随的则是生产自动化的发展与劳动密集型产业的"终结"，而劳动密集型产业的终结，将从生产关系上宣告，工业资本的有机构成中再也没有异化劳动的踪影。那么建构在这个基础之上的商业、金融、股票等交往形式的上层建筑就失去了存在的价值，这时候一种新的世界交往形式将会到来。

第三节　全球化的三种模式与新型全球化

资本的历史表明，资本积累和剩余价值的实现有两种全球化方式。一种以"二战"前的殖民主义为代表，这表现为地理空间的扩张。第二种则是以"二战"后的美元霸权为代表，表现为全球性的"时间性积累"或者说是"虚拟积累""债务性积累"，这是帝国主义国际垄断的最集中表现。2008年经济危机是这种积累方式的内在矛盾的爆发。2008年之后，全球化的模式正发生着根本性的变化，中国2013年提出的"一带一路"方案正是对第三次全球化的一种呼应和引领。

从世界历史的发展来看，三次全球化分别是由交往关系主导的全球化，进入由生产关系主导全球化，再进入生产方式和生产力主导的全球化，是不断推进的过程。前两次全球化都建立在"中心—边缘"相对立的世界地理空间模式中的全球化（"中心—边缘"模式在"二战"前后有很大区别。"二战"前的全球化是宗主国和殖民地之间的一种关系，是比较原始的扁平化"中心—边缘"模式，殖民地也可能获得较高的发展，比如北美；"二战"之后，则建立了一种立体的金字塔式"中心—边缘"模式，其中美元和国际机构成为整个世界的上层建筑，美国军队成了世界警察）；"一带一路"将调整和打破这种空间地理模式的全球化，并提供中国智慧。

一、积累的时空模式

空间积累和时间积累在《资本论》中都有过论述，空间积累是指资本主义生产方式在国内市场饱和的情况下，必须以国外市场为前提，因为剩余价值必须寻求多余的交换价值来实现自身，比如国内各类非生产阶级都是这些剩余价值的吸收者，当剩余价值不能被国内市场吸收之后，国际市场作为剩余价值实现的出口，就表现为资本对世界市场的争夺。这是卢森堡在《资本积累论》中提出的一个很有价值的问题。这种争夺是以其他民族的非资本主义生产方式为前提的。从世界生产的整体中我们可以发现，只有非资本主义社会中那些作为非工人的消费才是资本主义自我膨胀的生产体的一个绝对"他者"，只有非资本主义生产方式才能绝对地吸收这种来自资本主义的剩余价值。

但是，自19世纪中期世界爆发第一次经济危机之后，这种空间积累的和谐性就被打破了，因为剩余价值可以在不被消费者最终消费的情况下，首先通过信用被实现，比如说期票、汇票等，这是整个资本主义信用上层建筑的基础。在此基础上的债券、银行券、股票等剩余价值的虚拟实现方式就变得更为迫切了。剩余价值在找不到空间的自我实现之后，在时间上的虚拟自我实现就加快发展起来。这种剩余价值的虚拟实现，会不断导致商品积压、不断刺激企业不顾一切地生产，最后导致价值革命，即大量不能被最终消费的商品会丧失价值。在"二战"之前的经济危机基本上都是以这种形式出现的。这种危机方式，最后导致了世界性的无产阶级革命和两次世界大战。

二、积累模式的转变

"二战"后建立的布雷顿森林体系，使得资本的时间性积累模式变得更为明显，美元作为国际货币使得世界货币的职能发生了严重混乱。马克思在《资本论》"世界货币"一节中明确提出，世界货币有三种职能：支付手段、购买手段、一般财富的绝对社会化身。其中，支付手段和一般财富的绝对社会化身是最重要的两种职能。美元作为一种主权货币符号是一种信用货币，它作为支付手段是没有问题的，而且也有利于世界贸易的发展，但是它作为财富的一般社会化身则导致了严重的后果。作为一般国际支付手段，它促进了国际贸易，为国际贸易提供了交换价值空间，它促进了新型的全球化模式。如前所论，"二战"前是以你输我赢的对抗性的殖民主义为特点的空间积累模式，而这种模式以非资本主义生产方式为前提，"二战"后随着民族独立运动和社会主义运动的发展，世界主要民族都开始了民族解放运动和工业化，这就使得"二战"前用交换价值来连接两种或多种生产方式的全球化不能再执行其吸收剩余价值的"他者"职能。于是，实现不断增大的剩余价值积累的职能就落在了提高工人阶级消费能力和印刷美元的头上。而工人福利的增长（世界劳动力价格之间的竞争）又导致了生产空间的国际转移，而落后民族的工业化基础和剩余劳动人口又为这种产业转移提供了可能空间。

但是，增发的美元决不是价值的绝对增加，因为它毫不费力，它除了是价值的代表外没有凝结任何劳动时间，这是纯粹的虚拟价值。这是一种价值的预付，是未来价值增长的空间。美元增发的结果就是价值符号的贬值，最终布雷顿森林体系崩溃。后来，牙买加体系使得美元再也不受黄金的束缚，为全球化插上腾飞的翅膀。美元的增发，似乎使得剩余价值的实现找到最终寻觅的安居之所，但也导致很多恶性后果。随着美联储释放美元，世界经济就开始了涨潮期，随之繁荣起来。一些发展中经济体因为没有建立起防止美元增发的排涝渠道，接受了太多的"热钱"，而实体经济又不能在短时间内充分吸收，使这些资本大量在虚拟经济领域囤积，导致经济虚胖；等到美联储缩表的时候，世界经济开始落潮，因为没有建构起防止美元大量外流的经济防旱闸门，导致美元过量外流，本国货币汇率贬值。世界实体经济的土壤，不时遭受美元天气或旱或涝的蹂躏，最后在2008年的次贷危机和欧洲债务危机爆发后，世界经济开始质疑这种全球化模式。

三、美国全球化模式的自我否定与全球化的新趋势

2008年之后，在资本主义世界内曾经发生过占领华尔街运动，但是这场由阶级矛盾而导致的自发运动最后不了了之，没有形成一些建构性的政治经济理念。因为美国对利比亚和叙利亚的军事干涉导致了难民潮，而难民的涌入又导致了西方社会的抵触，再加上资产阶级所控制的舆论诱导，演变成了民粹主义思潮。英国脱欧和美国特朗普当选总统，使得资本主义的自我反思陷入混乱之中。奥巴马极力倡导和建构的TPP贸易合作协议，也让这位"推特"总统特朗普给废弃，使得全球化的格局调整再次陷入了极大的不确定性中，特朗普正在否定曾经由美国所倡导和建构的世界经济体系、安全体系、政治体系、文化体系，现在又发起了对华贸易战、科技战。世界格局调整在加快。

美国主导的全球化之所以不可持续，是因为这次全球化的驱动力是世界劳动力价格的竞争。由于"二战"后世界工人运动的

高涨，资本主义发达国家的工人福利不断提升，导致生产成本增加，于是，跨国企业将生产线转移到劳动力成本低的发展中国家，由此限制了工人运动的发展。工人福利的提升也导致了国家债务的积累，所以爆发欧债危机。只有美国可以依靠美联储来大量吸收这些债务。当美国发生危机的时候，美国政府就大量举债，美联储就可以大量释放美元，然后美元贬值，不仅整个发展中国家把美元作为"一般财富的绝对社会化身"的所有人被兵不血刃地剥削了，而且把美元作为储备货币的所有国家也被剥削了。

但是，美元不能一直贬值，它有自己特殊的货币回流方式。当美国是实体经济大国的时候，它购买的原材料都用美元计价，比如石油。中东输送美国石油，美国给中东输送美元，中东又将美元汇入华尔街，就是以前美元环流的一个例子。在美国"去工业化"的过程中，中国输送美国廉价商品，美国输送中国美元，中国再向美国政府购买国债，也是一种环流的例子。但是，美国现在石油可以自足，中国也不再用美元购买美债之时，特朗普就通过减税促进中国的美元回流美国，美联储就通过加息、缩表来促进美元回流。这样就导致比较小的经济体根本经受不住美元大潮的搜刮，陷入了汇率贬值危机，比如现在流行的所谓的"脆弱五国"和"笨猪五国"就深受其害。前者主要是发展中经济体：土耳其、南非、巴西、印度、印尼；后者主要是发达经济体：葡萄牙、爱尔兰、希腊、意大利、西班牙。这种模式使得一些发展中经济体开始反思自己的发展模式是否应该按照美国所提倡的新

第五章 资本主义异化时空的自我否定及其当下表现

自由主义去实践。

前面我们提到资本全球化积累的空间模式和时间模式，现在时间积累模式也走到了尽头，而中国奇迹般的崛起为新的全球化发展模式提供了借鉴，那就是时空双向互动的积累模式。中国通过国家债务来为基础设施建设铺路，通过打破各个封闭的生产空间的时间差，实现了全国经济的高度融合，为新的全球化提供了新方向。各个孤立生产空间的融合又创造了新的生产空间，生产了新的使用价值，解放了物之间的联系。

在资本主义产生之后，就开始了生产空间的抽象化。商业交往，使得成千上万个生产空间中的零件组成了生活中消费的最终产品。商业是这些分裂的抽象空间的黏合剂。各种交换价值的上层建筑，又成了较底层的交换价值的黏合剂。（在作为货币共同体的美元与国际社会的层级分工中会详细论述）生产空间越是抽象，其生产的物自由度就越高。物的自由度跟它组成最终消费品的能力成正比。在自然物质中，古人早就意识到抽象性和自由性的关系，比如：金、木、水、火、土。在自然生产力起支配地位的时代，这些自然物是生产最终消费品中使用最多、用途最多的物质。在工业时代、信息时代也同样有自己必需的这些基础性的劳动之物。而技术垄断则使得国际分工有了代际差异。这样有的地区处于农耕时代，有的地区处于工业时代，有的地区则处于信息时代。

美元实现了全球生产空间的层级化。这种分工具有明显的社会时间的空间化特点。在美国等发达国家，是技术密集型和资本密集型产业，是高素质的人口，而在欠发达国家则是低素质的大量劳动密集型产业，全球的各个民族似乎并不处于同一时代。发达国家垄断高端技术，通过向发展中国家输出落后产能。随着中国产业结构的调整，发达国家的时间积累模式遇到了挑战。中华民族是一个注重教育和有着优秀历史文化传统的伟大民族，逐渐将人口的数量红利转变为人口的质量红利，通过促进人的发展，也促进了高端产业的发展。

从世界范围内看，中国产业质量升级代表了新型全球化的趋势，世界上的产业分工除了自然资源的地域限制是自然规律的作用外，技术上的产业空间分工都是人为的社会规律。随着人口素质的提升，这种技术层级的国际分工是完全可以消除的。美国之所以能够进行"再工业化"战略，说明人口的自然限制也可以消除，因为随着人工智能的使用，无人工厂正在消除人口数量优势所引导的全球化模式。新能源和新材料也将打破自然资源的地域限制。这样三大限制一旦破解，民族间的国际贸易量将会消减。巨大的国际贸易额在很大程度上是由资本的技术垄断造成的。就如同海洋隔断了大陆之间的联系需要轮船作为交往工具一样，技术垄断阻碍了民族内部生产的全面性，需要国际贸易沟通民族间的财富。

随着技术的发展，新能源、新材料和发展中国家的技术进步，将会形成更为均衡的全球化，陆地上的生产空间的整体性融合将会极大提升一个地区的生产力水平。随着资本的自我否定进程的加快，生产空间将从抽象化走向具体化甚至个体化，区域内的自给自足性将不断加强，这为世界和区域的均衡性发展提供基础。在第二次全球化过程中，贸易总量中的很大部分，是由地区生产结构的不均衡所导致。随着生产结构的均衡化发展，贸易结构将发生很大变化。在第二次全球化过程中，发达国家与发展中国家之间的贸易是世界贸易的主体，随着中国产业升级发展，亚洲地区或者发展中国家之间将成为世界贸易的主体。随着"一带一路"的推进，国际贸易将从以海洋贸易为主转变为以陆路贸易为主。随着"一带一路"沿线国家产业升级的进行以及新能源和新材料的不断涌现，区域内部甚至民族内部的自给自足能力不断提升，社会的生产空间也将从抽象变得具体，当然这是一个社会生产空间相对具体化的过程。各个生产空间之间是完全开放的，各个生产空间内部自给自足能力不断增强，生产空间将不断压缩。甚至社会生产空间变成了个性的、个体的空间。

四、作为货币共同体的美元与国际社会的层级分工

美元之所以有主宰世界的权力，能够兵不血刃地剥夺其他民族的财富，这与美元作为货币共同体的力量有关。马克思把人类社会分为三大阶段，分别是血缘共同体、货币共同体和自由人联合体。在血缘共同体阶段，"财产关系必然同时表现为直接的统治和从属关系"[①]，也就是说，经济关系还没有脱离共同体，没有获得独立发展。在贵族性的私有财产发展之前，作为一种原生社

---

① 马克思：《资本论》第3卷，人民出版社2004年版，第893页。

会形态，还没有明显的剥削。这个时候"人的本质是人的真正的共同体"①，但是，"由于私有制摆脱了共同体，国家就获得了和市民社会并列并且在市民社会之外的存在"②，这是资产阶级私有制的一次僭越。前资本主义社会的政治国家作为一种"虚幻的共同体"是相对于奴隶来说的，因为奴隶在法律上没有人格和自由。这种虚幻共同体对于自由民和贵族来讲，随着西方政体形式的变迁，则各有各的实在性，也就是说，对他们来说，这是一种现实的共同体。

对于资本主义国家来说，虽然人人都有政治自由也有法律上的人格，但是国家的政治权力与经济权力是分裂的，在前资本主义社会，财产关系就是统治、依附关系，这主要是因为当时的财产关系主要是地产关系，而在资本主义社会则是动产关系。在资本主义社会，所有权作为流动的货币权力才是真正的无冕之王。在资本主义社会，人虽然获得了法律上和政治上的自由和独立性，但这是建立在对物的依赖为基础的人独立性，这种物的集中表现就是货币共同体（黄金或美元）。货币是个人流动的共同体，是装在口袋中的对他人劳动的支配权。当美元成为世界货币的时候，美元就成为了这个货币共同体。在马克思的历史唯物主义理论中，经济基础决定上层建筑是最基本的原理，但是这个原理在前资本主义社会，只能有一种反思性的存在，而不具有直接现实性，因为经济关系直接就是政治关系，经济关系还束缚在共同体

---

① 《马克思恩格斯全集》第3卷，人民出版社2002年版，第394页。
② 《马克思恩格斯文集》第1卷，人民出版社2009年版，第583页。

之中。只有到了资本主义社会，才完成了经济基础的唯物主义存在与上层建筑的唯心主义存在。在《资本论》第三卷讲到虚拟资本的时候，马克思又把信用作为实体经济的上层建筑。并且说，银行是整个资产阶级与国家之间的中介。

> 财富本身，即资产阶级财富，当它表现为中介，表现为交换价值和使用价值之间的中介时，总是在最高次方上表现为交换价值。这个中项总是表现为完成的经济关系……产业资本表现为生产者，而和表现为流通的商人相对立。这样前者代表物质方面，后者代表形式方面，因而代表作为财富的财富。……较高级的中介形式到处都作为资本把较低级的中介形式又表现为劳动，单纯表现为剩余价值的源泉。例如，拿票据经纪人或银行家等等同工厂主和农场主的关系来说，后者对于前者相对地处在劳动（使用价值）的规定上。①

这段引文非常重要，不然我们就不能理解资本主义社会中的层级分工，这种层级分工形成了社会空间的层级化，而且作为货币共同体的美元成了金字塔的塔尖。美联储成了世界权力的核心。如果说，马克思当时说的社会空间的层级化还只是发生在资本主义国家内部，那么现在这种层级分化的社会空间则发生在整个世界空间之中。在这个空间之巅的是作为虚拟所有权的美元。

美元之所以能取代黄金充当世界货币是因为在两次世界大战

---

① 《马克思恩格斯全集》第46卷（下），人民出版社1979年版，第471页。

结束后，美国处于太平洋彼岸远离战乱，生产力和黄金储备都达到了顶点，整个世界需要从这个生产体系中输入能量，这样美元就开始凭借强大的生产力、黄金和国际贸易成为"二战"后资本主义阵营中的生产、贸易、资金的中心。这个过程一直持续到20世纪70年代资本主义国家爆发危机，为了解决这次危机，美元开始跟黄金脱钩，1972年7月建立牙买加体系，才真正开始用一个国家的信用货币充当世界货币。在危机过程中，1972年2月尼克松访华，开始为资本的新的输出寻求东方社会的支持。这也为"二战"后两大阵营对立导致的"逆全球化"打开了缺口，为东方社会全球化准备了条件。后来就发生了我们在"从去工业化与再工业的辩证运动看经济的全球化"一节中发生的事情。最终美国通过高科技、能源控制和武力的三脚架支撑起美元霸权的世界权力。但是，随着中国的产业结构升级，以及世界发展中国家的技术进步以美元为塔尖所建构的全球层级化社会空间的虚拟所有制结构将发生根本性转变。

我们对所有制的理解决不能仅仅限制在法权的意义中。所有制结构会随着人类活动方式、交往方式、占有方式的变化而变化。马克思说，商业、保险公司、工业等等"这些不同的形式同时也是劳动组织的形式，从而也是所有制的形式"[①]。在马克思时代，黄金是国际所有权的核心，而在美元成为货币共同体的时代，它则通过层级化的全球化空间构建了国际所有权。

---

① 《马克思恩格斯文集》第1卷，人民出版社2009年版，第567页。

五、东方社会的全球化

中国早在汉代就已经打通了通往西方的丝绸之路，这是一条和平的陆上贸易通道，明朝郑和下西洋的时候，中国的海上贸易也在世界上领先。正如法国年鉴学派代表人物布罗代尔所言，当明朝把都城从南京迁往北京的时候，中国就已经把海上贸易的领导权让给了西方。自英国1825年爆发第一次经济危机开始，中国这个延续了几千年的世界强国开始被纳入世界经贸体系之中，以1840年鸦片战争英国撬开了中国的大门为标志，人类历史开始了第一次真正的全球化。这次全球化到"二战"结束时告一段落。接着就是一次逆全球化浪潮，这就是美苏对峙所形成的冷战格局，冷战格局形成的根本，除了从意识形态上考虑资本主义阵营与社会主义阵营的对峙外，我们应该从历史的发展"长周期"中，看到这是东方社会现代化模式与西方现代模式的差异。

在第一次全球化过程中，中国完全是被动的全球化，中国沦为半殖民地国家。这种被动性促使了中国的近代革命。第一次全球化，促使古老的中国开始了现代化进程，中国几乎引入各种思想理论来挽救中华民族的近代衰落，但是最终只有马克思主义救了中国。从近代开始，中国革命就具有了世界历史意义，因为中国半封建半殖民地的经济基础不能决定中国社会主义的上层建筑，而中国共产党的诞生，作为世界无产阶级革命的一部分，本来就是由世界的总的经济基础所决定的。关于社会存在与社会意识以及经济基础和上层建筑之间的不平衡关系，我们可以从马克思论述英国的社会革命、法国的政治革命和德国的思想革命之间的不平衡发展去思考。我们在探讨社会存在决定社会意识的时候，不仅仅要看到国内民族的社会存在对社会意识的决定作用，也要看到国际社会存在对国内社会意识的影响，因为社会空间的边界在世界市场的洗礼中变得模糊了。

中国共产党的诞生受到了苏联的影响。但那时，城市中的社会空间已经被资产阶级和帝国主义占领，革命空间已经缩小，只有在毛泽东同志探索出农村包围城市的革命道路之后，中国革命才在农村的广大土地上找到了生存的空间。土地革命、根据地建设为中国革命创造了经济空间和制度空间，为中国革命的政治和军事斗争找到立足之地。土地革命之所以能够在中国农村取得成功，是因为中国传统文化中有农民革命的基因。中国农民革命的传统又跟中国社会的民本文化有关。先秦时期就有很多民本思想，比如"汤武革命顺乎天而应乎民"；"天听自我民听，天视自我民视"；"民为贵，社稷次之，君为轻"。人民在中国的文化传统中具有无上地位。反观西方，农民革命只是作为资产阶级革命的前兆而存在。西方社会之所以没有像样的农民革命，是因为他们处于依附关系中，不像中国自皇帝以下每个人在与国家的关系上是平等的。正是因为对人民地位的尊崇，使得每个人都有"天下兴亡，匹夫有责"的使命担当。

马克思曾经探讨过东方社会是否一定经过资本主义阶段才能进入社会主义，他的答案是两种可能性都有。我们认为，东方社会通过社会主义实现现代化可能是最好的选择。现代化是否只有资本主义一条道路呢？肯定不是。在第二章，我们探讨社会存在的原生时空中，就已经把这个问题讲得很清楚了，只有日耳曼社会的原生社会空间才能为资本主义生产方式奠定文化空间和制度空间。对我们来说，社会主义是东方社会走向现代化的最佳选择。中国的亚细亚生产方式，在五千年的发展过程中，拉平了文化空间和制度空间，为社会主义制度的建立提供了文化前提。马克思认为，公有制在人类历史上，比私有制更有生命力，而且他也不只一次反对人类历史的直线进化论。（西方的人类学研究在施特劳斯的结构主义之后，就不再把原始人的生活仅仅作为一种低级文化看待，而是把这些原始文化看作现代西方社会走出困境的一种可能路径）

在第二章中，我们就已谈到，通过石制工具和青铜器，不能推出中国奴隶制和西方奴隶制的差异；通过铁制工具，我们也不能推出西方封建社会与中国封建社会的差异。东西方社会的形式差异，必须从社会发展的原生形态去理解，从原生社会空间的差异去理解。从社会发展的原生形态来看，公有制在人类社会发展中具有强大的生命力。中国能通过社会主义实现社会革命，就足以说明中国原生社会形态必然在社会主义制度中迸发出蓬勃的生命力。正如习近平同志在十九大报告中指出的，中国特色社会主义进入新时代，"意味着社会主义在中国焕发出强大生机活力并不断开辟发展新境界"。马克思在《黑格尔法哲学批判》中，关于无产阶级思想和德国现实的论述中抱怨，光是思想趋近于现实还不行，现实也必须趋近于思想。这也是为什么马克思晚年把大量的精力投入到东方社会和人类学研究中去的原因。马克思的学术探索历程表明，他需要为自己的思想寻找一个实现的沃土。马克思主义的中国化，使马克思主义容光焕发，又促使古老的中国重获新生。对于亚细亚生产方式来说，"主权就是在全国范围内集中的土地所有权"①。

学者韩毓海在总结马克思对中国的研究时提出：如果世界历史的一极是西方，那么，另一极便是中国，西方世界和人类世界未来的命运，在很大程度上要取决于中国的命运。早在西方列强通过残暴的殖民主义、坚船利炮开拓出海洋贸易之路之前，中国就已经以和平的方式开拓出海洋贸易通道，而且，中国同时还开拓出了经蒙古、俄罗斯通向欧洲的大陆贸易通道。可见，西方殖民主义的海洋贸易，并不代表贸易自由，而是代表贸易垄断，因为近代殖民主义贸易的兴起，是以毁坏原有的大陆贸易为代价的。……如果中国能够通过革命实现复兴，那么，未来的中国就会重新恢复大陆贸易，并使大陆贸易与海洋贸易结合起来。

六、"一带一路"与新型全球化

第一次全球化是贸易全球化，第二次全球化是生产关系的全球化。新的全球化是全球生产空间全高度融合，也就是说，全球化生产空间的一体化。美国因为是太平洋彼岸的国家，它完全依

---

① 马克思：《资本论》第 3 卷，人民出版社 2004 年版，第 894 页。

靠海洋贸易，而中国则是海陆两通，阴阳互济，也只有中国的经济体量和基础设施建设能力才有条件实现生产空间的一体化，连接亚、欧、非三大洲。一方面，中国的产能过剩需要向外输出，同时中国的外汇过剩需要寻求美国国债之外更多的投资领域；另一方面，周边国家基础设施建设不足，国际资金不足，需要大型基础设施的物质和资金支持。因此，这次新全球化逃离了用美元购买美债的恶性循环，另一个方面为中国外汇增值、产能过剩和周边国家的基础设施建设提供了平台。中国在输出基础设施建设的过程中，不仅仅要注意企业的利润和市场作用，同时也要注意使用价值方面的配套输出，注重走出去的体系性力量。

新型全球化是因为美元充当超主权的国际货币危机引起的。在新的全球化过程中，我们必须理清国际货币权、主权、人权三种权力的关系。国际货币按道理应该由世界银行管理，但是美元作为国际货币，却由美联储管理。也就是说，真正的世界银行是美国的中央银行。美国只会根据自己国家的经济运行情况收发美元，掌握整个世界经济发展的主导权。世界经济因此跟着美国经济的发展忽上忽下，美国经济严重绑架了世界经济。欧元就是反对美元霸权的结果。但是，欧元区的运行并不健全，特别是它们在实行了货币一体化的同时，没有实行财政一体化，这就导致很多欧元区的欠发达国家失去了自己的中央银行，从而失去了国家的主权货币调控能力。这些国家必须借助于欧洲央行来实行经济发展规划。这也是欧洲经济陷入债务危机的关键。有人提出亚元区，我们认为这是不成熟的。人民币的国际化过程要吸收借鉴它们的经验，但是，我们既不能走美元国际化的道路，也不能走欧元国际化的道路。根据马克思的国际货币理论，国际货币必须是真实的财富，我国跟外国之间的国际贸易量就是中国跟外国进行货币互换的标准。同时，国家间的货币互换必须使贸易顺差国的货币可以顺利实现收益。比如，中国是贸易顺差国，那么，中国掌握的顺差额就必须能够顺利地实现投资，一些国家的货币根本就没有这种能力，比如一些欠发达国家缅甸等。中国必须在推进"一带一路"的过程中，对有条件的国家，即汇率相对稳定的国家进行国际货币互换。对于一些汇率波动较大、国内经济发展不稳定的国家，可以推动用人民币结算，以尽量节省美元外汇。

在这次全球化浪潮中，亚洲成为与北美和欧洲并列的三大经济体之一，亚洲因为自身人口优势与和平的环境，成长为世界经济发展动力的重要组成部分。2008年经济危机之后，世界经济发展的"逆全球化"趋势开始显现，而美国重返亚太战略给原本平静的亚洲带来了动荡。中日争端、中菲争端、中韩争端，处处有美国与中国对抗的"第三只手"的暗中操作，这扰乱了亚洲建立自贸协定的政治外交环境。RCEP区域全面伙伴关系一直没有签署，中日韩自由贸易区也没有签署，而由发达国家主导的"经济北约"TPP则成功签署。但特朗普当选之后，觉得通过第三国和贸易协议的方式来遏制亚洲发展效果不那么明显，于是，他退出了TPP，同时开始直接对亚洲大国中国打起了贸易战和科技战。美国不再通过代理人来遏制中国，而是自己赤膊上阵，反映了新旧全球化过渡时期的变数加大。正是这种不稳定的经济局势，使得 RCEP 和中日韩之间的自贸协议签署加速。最近马来西亚因为新的领导人当选，想要重订与中国早已达成的基础设施建设协议。这加大了"一带一路"建设的不确定性。

因此，形势的发展，急需"一带一路"沿线国家特别是亚洲地区，建构自己的政治、文化等方面的制度基础设施，为亚洲经济的融合提供制度保障，尽快完善亚洲区域制度建设已经是当前最为紧迫的任务。为此，在共建"一带一路"的过程中，必须坚持亲诚惠容的原则，不能因为国家领导人的改变而改变，要加强"一带一路"推行过程中的法治化水平，建立超主权的区域性法律治理体制。要让"一带一路"成为对接各国发展战略的纽带，就必须让各国推出切实可行的国家发展战略，就要凝聚各个国家内部不同利益群体和政党的共识，在全球化过程中，我们面对的就不仅仅是国内人民的公民权，而且也要顾及他国人民的发展权力。教育、卫生等各方面的保障，需要一个总体规划，如果还用劳动力价格的国际竞争的方式推动全球化，迟早会遇到欧美今天的民粹主义思潮。因此，"共享"是这次全球化的落脚点。要让我国制定国家发展战略的有益经验与各个国家共享，对于一些不切实际或仅仅反应部分人的国家发展战略，要谋求各个国家在野党的意见，不然就会遇到印尼撕毁协议的问题。这样就需要一个区域性的超主权的战略共商组织。争取早日签订 RCEP 和中日韩自贸协定，积极建构亚洲地区融合不同政党和利益群体的共商、共建的，集战略服务、法律治理和人权保障为一体的超主权区域性国际组织。

"一带一路"沿线的很多国家不具有中国特色社会主义制度的优势,两党制和多党制所造成的扯皮、推诿非常明显,根本不具有制定国家中长期发展战略的政治能力。因此,"一带一路"沿线国家,特别是亚洲地区政党间的共商、共建就显得尤为重要。世界各国都应该建立一套政党协商的制度,这样才能从国家的长远利益出发,制定出有利于广大人民的国家长期发展规划,才能为实现人类命运共同体提供治理空间。不然,一个政党因为部分人的利益而制定的规划,必然会被因反对者的利益而当选的政党所否定,这样,朝令夕改必然延缓国家发展速度,也不利于国际治理与合作。

第六章　历史辩证法与社会时空观

前面我们已对马克思的社会时空观做了论述，现在我们需要从整体上，从方法论加以论述，这就离不开辩证法。对于马克思的辩证法，学界所论甚多，我们不再赘述。但是有两点我们必须明确：首先是时间维度，马克思在评论黑格尔辩证法的时候，赞扬了他宏大的历史感、否定性、革命性，即把事物理解为一个过程，一个自我否定的运动过程。其次是空间维度，也就是说马克思研究人类历史的科学不仅仅是从主体方面去研究，更重要的是从客体方面去研究，通过客体方面去研究主体方面，这方面就是辩证法的唯物主义方面。黑格尔正是因为忽视了空间维度，所以才把"对象"与"异化"相等同，所以他的辩证法才成了唯心主义的。学术界对马克思辩证法的理解，往往被《关于费尔巴哈的提纲》中的第一条所吸引，即以前的唯物主义对事物、现实、感性只是从客观方面去理解，而不是从主观方面去理解，不是把它理解为人的感性活动。我们偏重了后半句而忽视了前半句，但恰恰是前半句揭示了马克思辩证法的存在论基础。

物质有两种存在形式：一种是自然形式，另一种是经过劳动塑形之后的社会历史形式。社会科学就是研究物质的社会历史形式，因为正是经过劳动的塑形形成了一个新的世界——人类的生活世界，这方面在前面"作为社会存在的商品"中已经论述过了。马克思之所以选择商品作为《资本论》的开端，就是要从"物"的角度来论述人的历史。马克思把人类历史区分为三个阶段，他认为前资本主义社会是以人的依赖为基础的人的独立性，资本主义社会是以物的依赖为前提的人的独立性，共产主义是自由人联合体。从这个角度上来看，人的解放是从前资本主义社会中的人身依附关系中获得解放，而物的解放则是从资本主义的物的依赖性关系中获得解放，即从资本主义社会的异化生存空间中获得解放，马克思的历史辩证法正是揭示这种社会时空的解放，即物的解放。

第一节 马克思的分工理论与历史辩证法

马克思的分工理论涉及辩证法的两个方面，一个方面是生产力的物质内容，这是作为使用价值的生存空间；另一个方面是生产关系，这是社会的形式空间。而这两种生存空间的分离首先是通过自然生产空间与文明生产空间的分离表现出来的。在农村与城市的空间分工中，城市动产作为人类劳动时间的凝结表现为从自然生产空间中获得解放的劳动，这种劳动生产了城市的文明空间。因此是生产力与生产关系辩证法的表现形式。分工的物质内容表现的是生产力,而分工的经营形式表现的是生产关系。特别是作为生产关系的分工形式,其内部的阶级性与层级性便是马克思经济基础与上层建筑分工的依据,马克思所用的经济基础和上层建筑绝不是一种比喻,而是社会空间分化之后的空间形式。

一、分工的内容与形式(自然生存空间与文明生存空间)

我们结合马克思关于城乡分工和对立的思想来看一下在前资本主义时代分工的对立性与层级性。他先是从物质内容上来表述城乡分工,然后他又从阶级对立上,从社会形式上来解释这种对立。他说:

> 一个民族内部的分工,首先引起工商业劳动与农业劳动的分离,引起城乡的分离和城乡利益的对立。……同时,由于这些不同部门内部的分工,共同从事某种劳动的个人之间又形成不同的分工。这种分工的相互关系取决于农业劳动、工业劳动、商业劳动的经营方式(父权制、奴隶制、等级、阶级)。……分工发展的各个不同阶段,同时也就是所有制的各种不同形式。①

---

① [苏联]大卫·鲍里索维奇·梁赞诺夫:《德意志意识形态·费尔巴哈》,夏凡译,南京大学出版社2008年版,第100页。

在第一种表述中，城乡的分离和分工是由工商业劳动与农业劳动的分工引起的，但更是由物质劳动与精神劳动的分工引起的，而这又是由分工的对立性、矛盾性决定的。因为，在后面的第二种表述中，马克思说：

> 物质劳动和精神劳动的最大的一次分工，就是城市和乡村的分离。城乡之间的对立是随着野蛮向文明的过渡、部落制度向国家的过渡、地域局限性向民族的过渡而开始的，它贯穿着文明的全部历史直至现在。①

在上面两种表述中，应该特别注意的是，在讲到城市与乡村的分工时，马克思用了两种分工来解释，这关系到分工的内容与形式之间的关系。第二种表述着重于形式方面。在内容方面，是农业与"工商"业之间的分工，这种分工我们只能看到一种一般的分工，只看到这种分工的物质内容，但是在讲到经营方式的时候，第一种表述则注重到了形式方面，这种经营方式（父权制、奴隶制、等级、阶级）不过是血缘共同体，或者原始的某种公有制度的交往形式的瓦解形式，这种经营方式其实是一种次生形态的生产方式。

因为这种分工表现的是物质劳动与精神劳动的层级形式的分工。这才是真正的分工，这种分工是一个历史范畴，是在特定历

---

① ［苏联］大卫·鲍里索维奇·梁赞诺夫：《德意志意识形态·费尔巴哈》，夏凡译，南京大学出版社2008年版，第69页。

史时代的产物。例如，某些人固定从事某种行业，这本身就是历史的产物，在人类历史初期并没有某些人固定做某些事情，如果说在人类生产的初期存在着分工的话，那还只是自然分工和性行为方面的分工，这样的分工并不是把某些人固定在某些事情上，并不是真正意义上的分工。马克思说："分工只是从物质劳动和精神劳动分离的时候起才真正成为分工。"因为，只有从这个时候开始，一部分人只是从事社会必要劳动，而另一部分人则从事自由活动，精神劳动与物质劳动是从社会必要劳动时间和社会剩余劳动时间的角度来讲的，而社会剩余劳动时间意味着人的自由，人类的文明的发展。因为，一部分人的社会必要劳动被另一部分人来承担，而另一部分人即便是在社会必要劳动时间内也从事自由活动。在生产领域中，一部分人只是承担义务，另一部分人则只是享受权利。精神劳动意味着消费、享受，意味着不从事物质劳动，那就需要另一部分人来生产他们的生活资料。这部分人居住于城市之中，他们的需要比农村更为多样、更为讲究，这就需要工商业。

这种分工的形式方面当然是父权制、奴隶制、等级等（次生社会形态）。奴隶主、封建主、师傅、资本家代表的是生产的形式方面，而与他们相对立的阶级则代表着生产的物质内容方面。前者支配着"怎样生产"，后者只是在"生产什么"，前者代表生产的统治和管理以及分配，后者则处于被动的地位。

但是，奴隶制、阶级等所有制形式具有使分工的形式方面独立出来的分裂力量，这种分裂力量瓦解着原始公有制（古典古代的生产方式、日耳曼生产方式），而在原始公有制这种原生社会形态中，可能有着非常发达的分工，但是这些分工的形式方面和内容方面是同一的。因为，人作为集体和共同体而存在，这种共同体本身就是生产条件，也就是说它是生产的前提，而不是生产的结果。

这种血缘共同体是一种实在的共同体，而国家则是一种虚幻的共同体。那么国家这种虚幻的共同体是怎样产生出来的呢？是因为这种虚幻的共同体是分工的社会形式方面的独立化，那么分工的形式方面是怎样独立化的呢？是因为分工的形式方面与内容方面发生了分裂，那么这种分裂又是怎样产生的呢？是因为作为分工形式方面的奴隶制、封建制、阶级等所有制形式瓦解了共同体的公有制。

因此，我们所说的国家是社会意识、上层建筑的内容，而父权制、奴隶制、等级、阶级等是所有制的不同阶段，马克思所讲到的亚细亚生产方式、古典古代的生产方式、日耳曼生产方式是社会存在和经济基础的内容。

马克思和恩格斯都强调分工是阶级划分的基础，但是，我们应当知道哪一种分工是阶级划分的基础，这对我们非常重要。特别是马克思所讲的，分工发展的不同阶段就是所有制的不同形式。如果从内容上看，我们可以说，工、农、商之间的分工似乎对很多时代都适用，但是这些内容所决定的分工形式则完全不同。如父权、奴隶、农奴、等级、阶级这些分工形式对我们来说才是历史的形式，才是所有制的形式。分工的内容方面只是从生产力的角度来讲的,分工的形式方面才是从生产关系角度讲的,而各个历史时代的区别则体现在生产关系中。

二、共同体的异化与复归

分工的内容与形式在历史发展中,既有自己的同一性存在,也有自己的分离过程,这种分离过程表现为农村与城市的既对立又分层的分工。而这种分离所导致历史的进程是什么呢?这种进程就是部落制的共同体和原始的公有制度(原生社会形态)向奴隶制度、农奴制度(次生社会形态)等的过渡,向私有制的过渡,向国家过渡,它贯穿文明的全部历史,因为文明的历史不过是原始制度的解体和私有制的发展,并且私有制的发展就是原始公有制的解体过程。

马克思是这样表述这种过渡的:

> 农业公社既然是原生的社会形态的最后阶段,所以它同时也是向次生的形态过渡的阶段,即以公有制为基础的社会向以私有制为基础的社会的过渡。不言而喻,次生的形态包括建立在奴隶制上和农奴制上的一系列社会。①

共同体或者说某种共产主义生产方式、某种公有财产,不断地自我异化的过程(分工与私有化的过程),这种异化表现为城

---

① 《马克思恩格斯全集》第19卷,人民出版社1979年版,第450页。

市中的动产或者私有财产的发展,即文明的发展。然后,再向某种公有财产、某种共产主义的复归(这种复归表现为前一个共同体解体,被另一种共同体取代)。马克思对亚细亚、古典古代、日耳曼的所有制的描述,都是从共同体开始,都是从公有制开始的。然后,才是这种原生的共同体向次生态的形式的过渡,也就是共同体的解体、瓦解、异化、私有化的过程。

从亚细亚生产方式、古典古代的生产方式、封建的生产方式与资本主义的生产方式的划分与表述与血缘共同体、货币共同体和自由人联合体的表述方式之间的矛盾来看,历史总是有一种复归方式。例如,马克思在探讨历史发展方式的时候,总是从公有制开始,或者说从某种共同体开始(血缘共同),然后他主要探讨的是人是自己劳动产品的所有者这种非异化的方式。历史在发展中总是有民族间的交往,而民族间的交往又总是使一种原始的共产主义表现为一个新的历史发展的起点。其实,这是在原先的共同体的解体和另一种共同体的战争中表现出来的,是历史发展的某种复归方式。例如,日耳曼对罗马的胜利是一个共同体对一个不断异化、不断解体的共同体的胜利,从而表现为某种复归。因为,灭亡时期的罗马已经有更为发达的私有制,而这表现为共同体的衰弱,似乎罗马表现为先进的文明的民族,而且罗马的确是更为文明的民族,但是,他们必然会被蛮族所征服,因为他们的共同体随着罗马的私有制的文明的发展而瓦解,而日耳曼虽然表现为蛮族,但是他们的共同体则相对于罗马来说更为坚强。

在谈论历史的对抗性时,总是提到奴隶制、封建等级、农奴制只是一种次生形态，而历史的原生形态其实是历史在发展中的复归方式。例如，古典古代已经有了私有制，但还是以某种共同体、公有制为中介的私有制，到日耳曼所有制的时候，私有制失去了共同体，只是表现为一种联合。在这里人们还是自己劳动产品的所有者，但正是从这种历史时代的起点开始发展出一些次生形态。这些次生形态，是建立在对他人劳动产品的占有中的，而且是建立在阶级对立分工中的，建立在物质劳动与精神劳动的分工中的，是一些异化的形式。它们在历史的发展中总是采用一种复归的方式重新恢复某种原始的共产主义，然后再逐渐异化出各种剥削方式，表现为历史发展的层级复归性。也就是说，私有制的发展表现历史的发展，原始的共产主义表现历史的不发展。但是，在历史整体的发展中，在各民族的交往发展中，总是从私有制倒退到某种形式的原始共产主义（即蛮族对文明民族的征服），但是这种倒退用一个比较思辨的概念来说就是复归，而复归并非简单的倒退，而是将以前的结果保留住。例如，古典古代（希腊、罗马）与部落所有制相比较，就表现为某种私有制的发展，但仍然以公有制为中介。同样，日耳曼所有制与古典古代所有制相比较，公有制的共同体已经消失，而仅仅表现为共同的联合。在这里，原始民族已经不是联合体，而只是联合了。因此，这种不断的发展和复归，呈现出一种螺旋式上升的过程。

三、作为阶级的分工及其层级性

在原生形态的共同体不断被私有制瓦解后，在支撑私有制的社会生产力得以发展后，私有制终于找到了自己的共同体，即货币共同体。在货币共同体中，分工的内容与形式本身也发生了分离。马克思说：

> 在这种形式中，生产的经济对立，质的社会规定性本身，表现为一定分工方式的经济形式，而从属于这一规定性的个人则作为资本家和雇佣工人，工业资本家和食利者，租地农场主和地主等等而相互对立。①

我们看到工业资本家和食利者之间分属不同的分工领域，一个是物质生产领域，另一个是货币资本领域。根据后来马克思论述的这种工业资本家与食利者之间的关系，他们不仅仅是不同的分工领域，而且是一种对立的、层级的分工关系，食利者与工业资本家之间的关系类似工业资本家与雇佣工人的关系，因为食利者也剥削着工业资本家。马克思是这样表述的：

> 财富本身，即资产阶级财富，当它表现为中介，表现为交换价值和使用价值之间的中介时，总是在最高次方上表现为交换价值。这个中项总是表现为完成的经济关系……产业资本表现为生产者，而和表现为流通的商人相对立。这样前者代表物质方面，后者代表形式方面，因而代表作为财富的财富……较高级的中介形式到处都作为资本把较低级的中介

---

① 《马克思恩格斯全集》第46卷（下），人民出版社1979年版，第471页。

形式又表现为劳动,单纯表现为剩余价值的源泉。例如,拿票据经纪人或银行家等等同工厂主和农场主的关系来说,后者对于前者相对地处在劳动(使用价值)的规定上。①

在这里,我们可以看到票据经纪人和银行家处在交换价值的规定上,而工厂主和农场主则处在工人使用价值的位置上。他们之间的分工是对立的、剥削性的,同时也是阶级性的。银行家在更高的层次上,表现为资本的一般性存在,而具体的生产资本则表现为使用价值。工业资本家表现为货币资本家的工人。这就是资本主义分工中特有的对立的层级性。马克思曾经多次使用"上层建筑"指称商业资本、货币资本、虚拟资本、股票等。

这里各种使用价值作为物质生产空间是分离的,而交换价值则是缝合这种分离的过程,是统一的过程。交换价值本身作为一个抽象的社会交往空间凌驾于各种使用价值的生产空间之上。阶级则作为一种社会的层级空间而存在,这种层级空间保证了生产的整体性。

这种"阶级"的分工作为社会的交往形式是以货币共同体作为中介形式的,而父权制、奴隶的、等级的、农奴等经营方式以血缘共同体作为自己的中介形式,血缘共同体本身同时在父权制、奴隶制、等级、农奴等形式中自我瓦解。原始共同体与作为私有制的社会形式的父权制、奴隶制、农奴制度是一种对立性关系,而它本身又被这种父权制、奴隶制和农奴制度所侵染。这是

---

① 《马克思恩格斯全集》第46卷(下),人民出版社1979年版,第471页。

一种"阶级"的分工，但是这种"阶级"对立还遮蔽在血缘共同体或者原生生产方式的庇护之下而存在，因此"阶级"分工的对立性总是受到来自原生共同体本身的反抗。事实表明，这种反抗是合法的，随着阶级不断地取得统治地位，共同体也就瓦解了，古希腊和罗马也就衰落了。私有制与阶级的分工在其最为发展的时候就走向了死亡，只是因为他们没有寻到另一个更高的共同体，这个共同体只能是货币共同体。

为什么古希腊和罗马时代的政体形式会发生多种变化，这就是原生共同体与这些作为私有制的奴隶制之间斗争的结果。如在古希腊奴隶制度中，虽然在工业劳动或者商业劳动中采用的是奴隶制度，但是在整个社会大分工中还保持着一定的原始民主制度，贵族制或君主制就是这种国家的政体形式，而僭主制则是奴隶制取得了社会统治地位的结果，后来的民主制则是古希腊共同体解体的表现。在民主制度中，解放的奴隶和手工业者、商人等都取得了政治地位。

在资本主义社会中，交换价值取代了任何一种原生社会的交往形式，使得私有制本身以货币作为共同体，即以自身作为共同体，从而实现了社会内部的阶级分工，阶级本身成了一种分工的社会交往形式。前资本主义社会的"阶级"都是在与共同体的斗争中篡取了领导权，而现代资本主义本身就是建立在阶级分工的前提之下的。

票据经济人、金融资本、货币资本本身作为整个资本主义社会的上层建筑而存在。交换价值总是反映为总和的经济关系，总是处于支配性的主导地位。在更高次方上，货币资本家处于整个资本主义生产的顶层，正如马克思所说："银行家是整个资本家阶级和国家之间的中介性范畴。"正是这种颠倒性，使得层级分工中的"上层"部分取得了表面的独立，而且，总是不顾生产的地基而独立发展，这种内部的对立性和不平衡性引起了层级分工中的外部不平衡性，引起了生产力与生产关系和交往关系的矛盾，而经济基础内部的矛盾和不平衡性又引起了经济基础和整个政治的上层和意识形态的矛盾。

第二节 《资本论》中的历史辩证法

在《资本论》第一卷中，马克思提出了一个正、反、合的辩证法。其正题是私人所有制，反题是资本所有制；合题是个人所有制。这个辩证法，所要表现的不是人类历史整个过程的发展规律，而是从私有制到未来共产主义社会发展的一般性规律。私有财产是对作为个体的人的狭隘本质的肯定，是自由的个人从血缘共同的束缚中获得的解放的财产。从否定的方面说，资本所有制是对这种个人自由的否定；从肯定的方面说，资本所有制是对人的狭隘性的否定。正是资本建立了人的普遍性存在的物质基础，因此将来的个人所有制就是建立在这种普遍性中的人类自由。

一、所有制与人的对象性本质

马克思在《1844年经济学哲学手稿》中，就开始从所有制的角度来探索人类的本质。"所有制"是人的对象性本质，也就是人的本质的对象性存在方式，这跟我们谈论"劳动产品"是人的对象性本质有差别。劳动产品是人的对象性的、感性的物质本质，而所有制则是人的对象性的社会本质。

所有制有自己非现实的、潜在的存在方式。在原始社会，法权意义上的、完整的所有制是不存在的。原始共同体本身就是完整意义上的、法权意义上所有制的"潜在""前在"形式。马克思批评黑格尔的法哲学从"占有"这个比较简答的范畴一下子过渡到了"所有制"这种比较具体的范畴是一种僭越，就是因为这个原因。但是，马克思是如何把所有制跟人的对象性本质联系起来的呢？其实这不过就是人类的生存空间及其结构的问题。

从物质方面看，人类为了满足自己的需要，必须通过劳动来占有自然界，劳动的成果是用来满足自己本身的需要的。这样一种简单的物质劳动过程，适用于人类的一切历史阶段。马克思把它称之为物质生产劳动。但是，这种物质生产劳动的历史形式在不同的历史阶段却非常不同。

在历史初期，人类并不是通过个人的物质活动来占有自然界，从而占有这种劳动产品。那时人类是通过共同体的共同劳动、社会劳动来占有自然界，从而满足整个共同体的需要。整个过程是由共同体作为一个"自觉"的社会整体行为而发生的，这个过程类似于"鲁滨孙"的个人行为。只不过这里活动的自觉主体是个人，而原始社会的自觉主体则是共同体本身。因此，共同体不过是个体的自由自觉存在的"潜在""前在"形式。马克思着重讲了三种存在于这种共同体中的所有制，分别是亚细亚、古典古代和日耳曼的所有制。在这三种所有制中，人们都是自己生产条件的占有者。马克思把这种非对象性的、存在于共同体中的所有制称为生产方式的"原生形态"。在亚细亚生产方式中，只有共同体的集体所有，没有个人所有，个人只是作为共同体的肢体占有生产条件；古典古代的生产方式虽然产生了"私人所有"，但是需要以共同体为中介；在日耳曼生产方式中，人们都是私有者，共同体已经不存在于一种空间形式中，仅仅表现为联合。这三种原生形态的生产方式，都是肯定意义上的所有制，是存在于不同地域和历史中的肯定的所有制。

但是，这个时候人类的社会本质就是共同体，人类的物质的、感性的本质就是人的对象性劳动产品，就是他们的劳动成果。为什么会产生人的对象性的社会本质呢？人的社会本质不就是人的交往形式和交往关系吗？人的社会本质怎么会成了"所有制"呢？这是因为，随着劳动的发展，有了剩余劳动产品。这些剩余劳动产品会去向哪里呢？马克思说：

> 价值的第一个形式是使用价值，是反映个人对自然的关系的日常用品；价值的第二个形式是与使用价值并存的交换

价值,是个人支配他人的使用价值的权力,是个人的社会关系;最初它本身是节日使用的、超出直接需要之外而使用的价值。①

马克思这句话就表现了作为对象性社会本质的所有制的起源问题,即人类生存空间的早期形式。

二、肯定的私有财产

马克思在资本的原始积累中讲到了一个三段论式发展过程。他说,资本主义所有制是对以自己劳动为基础的私有制的否定,"但资本主义生产由于自然过程的必然性,造成了对自身的否定。这种否定不是重新建立私有制……在协作和对土地及靠劳动本身生产的生产资料的共同占有的基础上,重新建立个人所有制"②。

马克思在此表述中,为什么认为资本主义生产方式是对以自己劳动基础的私有的否定,而不是对农奴制的否定呢?他说:

资本的历史起源,究竟是指什么呢?既然它不是奴隶和农奴直接转化为雇佣工人,因而不是单纯的形式变换,那么它就只是意味着直接生产者的被剥夺,即以自己劳动为基础的私有制的解体。③

---

① 《马克思恩格斯全集》第30卷,人民出版社1995年版,第127页。
② 马克思:《资本论》第1卷,人民出版社2004年版,第874页。
③ 马克思:《资本论》第1卷,人民出版社2004年版,第872页。

马克思为什么说资本主义生产不是对农奴制的扬弃,而是对以劳动为基础的私有的扬弃呢?我们只能从上面讲到的"原初的生产方式"来理解,也就是人是自己劳动条件的占有者这点来理解。奴隶制、农奴制不过是原生生产方式的异化形式而已,因此,资本主义生产方式是建立在对原生生产方式的否定上的,而不是建立在对异化形式的奴隶制、农奴制的否定上的。

那么资本主义私有制与这种作为起点的私有制的区别是什么呢?从表象上看就是不可让渡的私有财产和可以让渡的私有财产之间的区别。从本质上看,生产条件归自己所有的非异化的私有财产,即不可以让渡的私有财产,虽然与人的个性是同一的、内在的,但是这个本质是狭隘的、特殊的、封闭的本质;而可以让渡的私有财产则成为一种满足自己的需要之外的、普遍的私有财产,可以说资本主义的私有财产是异化形式的私有财产的完成。

在《詹姆斯·穆勒〈政治经济学原理〉一书摘要》中,马克思从人是自己财产的所有者的角度来讲私有财产就是人的本质的存在方式,他说:"一个人是私有者……他通过这种特殊的占有证实自己的人格……私有财产是他个人的有其特点的、从而也是他本质的存在。"[①] 我们可以看到,在非异化的私有财产中,作为私有者的人,有自己的需要,这是他的本质需要。他通过自己的感性劳动来占有、改变感性的自然,从而使自然界成为自己的生活资料,成为自己需要的对象性存在。他的劳动也没有失去自己感性的劳动对象和劳动资料,因此,他就在自己的感性活动中证

---

① 《马克思恩格斯全集》第42卷,人民出版社1979年版,第25页。

实自己。这种感性活动既包括生产活动，也包括消费活动。其实，以自己劳动为基础的私有财产最明显的表现就是一种自给自足的自然经济形态。

在作为人的本质的私有财产中，人的这种本质是狭隘的、不可让渡的。这种不可让渡保证了自己本质的实现，同时也阻碍了自己的发展。与作为人的狭隘的、非异化的私有财产相反，商品这种异化的私有财产虽然可以满足他人的本质需要，但是这种财产是普遍的、人类的财产。在前一种私有制中，人的内在的特殊本质起支配作用，在后一种私有财产中，人的外在的普遍本质支配着人的内在的特殊本质。

三、否定的私有财产

作为商品的私有财产，在人类早期就已经存在。人类早期作为共同体是一种自给自足的生产体系。人的类本质，作为他的全部社会关系而存在。而作为人的异化本质的商品交换则出现在共同体的边缘上，它们是用共同体的剩余劳动产品。因此，商品从一开始就作为走出共同体的狭隘本质的财产而存在。也就是说，这些产品在满足共同体成员的需要之后，用来满足其他共同体的需要。在前资本主义时代，劳动产品是人类本质需要的对象化，所采用商品的形式只是一种从属形式。

在资本主义时代，外化的私有财产占据统治地位，工人失去了自己的自然界。马克思说：

工人越是通过自己的劳动占有外部世界、感性自然界，他就越是在两个方面失去自己的生活资料：第一，感性的外部世界越来越不成为属于他的劳动对象，不成为他劳动的生活资料；第二，这个外部世界越来越不给他提供直接意义的生活资料。①

这时候，工人的私有财产只有自己的劳动力，而劳动的生活条件，也就是劳动资料和劳动对象，却被资本家占有。

因此，在资本主义社会中，工人的私有财产只有劳动力，自然界作为劳动对象和劳动资料归资本家所有，也就是劳动条件和劳动本身相分离。在人是劳动条件占有者的前提下，私有财产是人的自由和本质。如果人的生产条件不再被人自身所占有，而是生产条件占有了人的本质活动，就是主客体的颠倒的私有制，就是外化的、异化的私有财产。

但是，资本主义所有制有一个优点，那就是将人从狭隘的本质中解放出来。也就是说，就生产条件作为人的对象性本质来讲，作为人的主体性本质的自由活动或者劳动的发展受到有局限性的生产条件的制约，如在农村中受到有限空间中土地这种生产工具的制约的农民，和城市中受到有限的、等级的生产工具束缚的小手工业者和市民。"它只同生产和社会的狭隘的自然产生的界限相容"②。而资本主义的私有制扬弃了个人对自己生产条件

---

① 《马克思恩格斯全集》第42卷，人民出版社1979年版，第92页。
② 马克思：《资本论》第1卷，人民出版社2004年版，第872页。

的狭隘关系。用马克思自己的话讲就是"个人的分散的生产资料转化为社会的集聚的生产资料"①，这种集聚的生产资料只能被作为人口大多数的工人集体的劳动所有占有，但是，这些生产资料归少数资本家所有。因此，在资本主义社会，工人通过集体劳动来能动地占有生产资料方式与这些生产资料归少数人所有之间的矛盾就越来越尖锐。

四、个人所有制与人的自由本质的实现

我们知道，在资本主义所有制只有资本的自由，没有劳动的自由，也就是说没有工人劳动的自由，劳动的自由只有消极意义的被出卖或者交换的自由。从而使工人的劳动成为生产条件存在于资本之中，也就是说劳动本身并不是目的，而是成了"生产条件"（使用价值）。马克思认为财产讲的就是人与生产条件的关系。因为工人的劳动成了资本的生产条件，所以资本成为整个社会生产的主体，劳动则成了一种客体，不是劳动在使用生产工具，而是生产工具使用了劳动。

在工场手工业中，劳动从属于作为生产主体的资本还只是形式上的从属，也就是只是从生产关系上来看是这样。因为，从生产力的角度来看，从劳动的物质过程来看，作为资本的生产工具还是被具有一定的技术特性的劳动所使用。但是在机器大工业中，从作为生产力的物质劳动过程来看，则是作为资本的机器在

---

① 马克思：《资本论》第1卷，人民出版社2004年版，第873页。

使用劳动了，劳动表现为一种抽象的、无个性的简单劳动。因此，作为人的主体性本质的劳动就表现为一种简单的、抽象的劳动。

那么人如何使自己的作为劳动的主体性本质丰富起来呢？那就是要建立"个人所有制"。马克思说在否定资本主义所有制的前提下建立的个人所有制并不是重新建立私有制，那么"个人所有制"的内涵到底是什么呢？

就以自己劳动为基础的私有制是人的本质来讲，这种私有财产的狭隘性就是人的本质的狭隘性，因为他们是在有局限性的生产工具中实现的人的本质。那么，个人所有制只能是建立在对普遍生产力的共同占有的基础上。

马克思在《德意志意识形态》中有以下论述可做说明。他说："这种占有首先受所要占有的对象的制约，即受发展成为一定总和并且只有在普遍交往的范围里才存在的生产力的制约。"其次，"这种占有受进行占有的人的制约"。最后，"占有还受实现占有所必须采用的方式的制约。占有只有通过联合才能实现……这种联合又只能是普遍性的"。①

我们看到，马克思在此的说明还是比较抽象。共产主义生产力的表现形态是什么，普遍交往的表现形态是什么呢？我们以马克思所在的工业化时代为例，以分工作为生产力的表现形式，以交换或者作为外化的私有财产的交换价值作为交往的普遍形式来

---

① [苏联] 大卫·鲍里索维奇·梁赞诺夫主编：《德意志意识形态·费尔巴哈·梁赞诺夫版》，夏凡译，南京师范大学出版社2008年版，第93页。

进行理解（分工发展的不同阶段就是所有制发展的不同阶段，一个就生产的过程来讲，一个就生产的结果来讲）。在当时的条件下，对于生产力的占有只能采用工厂分工的生产方式，而要消除分工生产的商品的片面性，就只有通过货币这个普遍的作为人的异化本质的私有财产来实现。因此，我们要消灭资本主义的异化的普遍交往方式，就必须建立自由人之间的普遍的交往方式。也就是说，必须要消灭作为人的普遍性外化本质的交换价值。而如何消灭分工在当时的生产方式下也没有现实的经验形式可利用，以至于马克思只能说共产主义只有作为全世界一起发生在经验上才是可能的。后来马克思在《资本论》第一卷从价值内容的角度论述了共产主义的自由人联合体的生产方式，在此我们就不再赘述。

第三节　黑格尔辩证法中的唯心时空观

　　牛顿绝对时空观是时空拜物教的集中体现，莱布尼茨首先反对这种时空拜物教。在近代哲学中，对时空拜物教进行全面批判是由康德和黑格尔以唯心主义形式进行的。康德最先将"时空"引入意识，但是康德仅仅将"时空"作为感性直观形式。只有感性可以"观"，知性与理性都失去了"观"的权力。尽管在先验知性的图形中，时间与空间都起到了组建性的作用，但是时空作为感性的纯形式与"物自身"始终没有交集。为了突破康德的物自体的藩篱，黑格尔引入了个体性、单一性、具体性的原则，使得思维有了存在之"所"，从而解放了"物自身"作茧自缚的"自在空间"，让思维具有了自我实现、自我发展的思维空间。

"概念无直观则空，直观无概念则盲"是康德哲学的信条。因为自在之物不在"时空"之中，而在其自身，所以自在之物不可知。康德首先将空间作为先验感性的外直观形式，而把时间作为先验感性的内直观形式。康德所说的时间与空间，从根本上讲是牛顿的绝对时空的主观化，这种绝对时空就是一种自在时空，因为绝对空间是动中之不动，绝对时间是变中之不变。尽管"时—空"是先验感性的纯形式，但是在思维中，绝对时空的纯形式与作为物的表象的具体时空处于一种各行其道的无涉状态。这样，就导致了时间与空间在思维中的"自在存在"。但是康德为什么不把时空设定为"物自身"呢？其实，在思维世界中的自在时空观直接导致了康德对于"自在之物"的假定。黑格尔说：

> 从一个对象抽出它对意识的一切联系、一切感觉印象，以及一切特定的思想，就是物自体的概念。……这剩余的渣滓或僵尸，仍不过是思维的产物……这个空虚自我把它自己本身的空虚的同一性当作对象，因而形成物自身的观念。①

因此，我们直观的这种空虚自我就是康德的绝对时空，就是毫无一物的"时空自在"。与康德不同，黑格尔将时空直观概念

---

① [德]黑格尔：《小逻辑》，贺麟译，商务印书馆1997年版，第125页。

化了，使得自在之物在自我实现的时空之中向我们显现自身。因此，黑格尔发现了思维中的具体时空。他说：

> 这种"秘奥"就是绝对概念；因此，这种绝对启示就是绝对概念的"秘奥"的扬弃……就是绝对概念的广延……这种启示是它（绝对概念）在时间中的体现……从而，这个外在化存在于它在自己的（空间的）广延中。①

所以，黑格尔能够将他的哲学定义为哲学史，能够包罗以前不同时空中的思维样式。正如海德格尔所说："精神与时间都具有否定之否定的形式结构，黑格尔借回溯到这种形式结构的自一性来显示精神'在时间中'的历史实现的可能性。"②

一、抽象时空的具体化

纯粹直观与绝对时空在康德哲学中本来就密切地联系在一起。康德坚持认为人是不能具有理性直观这种能力。但是，黑格尔则认为他们是统一的，但不是谢林意义上的理性直观。黑格尔更倾向于耶柯比，但是又超越了耶柯比。因为，耶柯比仅仅将绝对时空理解为纯粹自我、纯思维、纯直观。其实，耶柯比就是把

---

① [德]黑格尔：《精神现象学》（下），贺麟、王玖兴译，商务印书馆1979年版，第275页。
② [德]马丁·海德格尔：《存在与时间》，陈嘉映、王庆节译，生活·读书·新知三联书店2006年版，第491页。

纯粹直观与纯粹思维直接等同起来。

在《逻辑学》中，黑格尔首先肯定了耶柯比的论述，并大段引用了耶柯比对康德时空观的批评。黑格尔很欣赏耶柯比将纯思维、纯直观、纯粹自我理解为纯粹的空间。但是，耶柯比没有将时空具体化。在走向经验的时候，耶柯比只是批评那岿然不动的时空是"乌有"，黑格尔则认为必须走出这种抽象性，进入到"规定""界限""实有"。

这里关系到空间与时间的相互转化。在《逻辑学》中，黑格尔主要把存在直观为空间，这与《精神现象学》中，把概念直观为时间不同。在《精神现象学》中，主要讲的是时间的"空间化"。我们要说明的是，空间的时间化与时间的空间化在这里是一种原则性的不同。时空的这种相互转化存在于思维运动的任何一个循环中。以空间的时间化为起点，然后又发生时间的空间化，形成一个逻辑循环，表现的是辩证思维；在概念和理念中，以时间的空间化为起点，然后又发生空间的时间化，这又形成一个逻辑循环，这个循环则是一种思辨理性。

我们首先分析《逻辑学》中空间的时间化。

黑格尔引用耶柯比的描述如下：

> 我必须把一切都清扫掉，除了无限的、不变的空间的直观被强制留存下来以外，什么也没剩下……我不可以把我当作某种与这空间不同的东西，而只是从思想上与这空间相连……我不可以仅仅让它环绕我、渗透我，而是我必须完全过

渡到它之中，与它合二为一，把我转变为它；我必须除我的这种直观本身而外，自己什么也不剩下，以便把我的这种直观当作一个真正独立自主的、一致而且是惟一的表象来观察。①

黑格尔接着做了如下肯定的评价：

在这种完全的纯粹性的连续性中，既在表象的无规定性和虚空中，叫这个抽象为空间，或纯直观、纯思维都是一样；这一切都是印度人所谓的梵。②

但是耶柯比在进行深入分析的时候没有突破康德的抽象时空观（此处我们不再引用耶柯比的错误表达），黑格尔对他提出了以下批评：

耶柯比自己固守在绝对的、即抽象的空间时间意识时，他用自己这种方式就将自己陷入并坚持了经验上是错误的东西；在经验上呈现的时间和空间，并不是像无限的空间与时间那样的东西，在它们的连续中，没有不充满了各种被限制的实有和变化。……要使康德的自我意识的先天综合、即这种统一的活动，自己渐灭并在这种渐灭之中保持自己，科耶

---

① ［德］黑格尔：《逻辑学》（上），杨一之译，商务印书馆1976年版，第87页。
② ［德］黑格尔：《逻辑学》（上），杨一之译，商务印书馆1976年版，第87页。

比把自己冲淡到同样抽象的地步了。这里不是要说明空的空间在经验上的乌有。……固定的抽象也是纯空间……纯空间等等思想、即纯空间等等，应该自身表明为乌有，这就是说，纯空间本身已经是它的对立面，在它自身中已经浸透了它的对立物，自己就是超出自身的东西，是规定性。①

黑格尔批评的关键点就在于"空间本身已经是它的对立面"，这是黑格尔辩证法的立论之本。在《逻辑学》中，黑格尔说："有首先是对一般他物而被规定的。"② 这里对"纯有"的规定是"一般他物"，这个一般"他物"不是别的，只是纯粹的外在性，即纯粹的外在直观，空间的纯粹表象，即纯粹的广延。他说："有是纯粹的无规定性和空……有只是这种纯粹的、空的直观本身……有同样也是这种空的思维。"③ 这里，是一种纯粹的"外直观"，也就是空间。纯粹的空间规定就是无规定，这就有了一个直接设定起来的"对立"。因为空间作为"外在直观"，本身就设定了"我"与"他物"的对立，黑格尔只不过把潜在于外直观中的主客对立表现出来，这样就产生了思维的运动，即时间。

不仅仅如此，所有的外化、异化、对象化等等都是这种纯粹的外在性，就是外在直观的空间。这种直接性所潜藏的对立，都会引起思维的实践和时间化，这正是马克思所说的：异化与异化借以实现的手段本身就是实践的。它也是黑格尔辩证法不竭动力

---

① [德]黑格尔：《逻辑学》（上），杨一之译，商务印书馆1976年版，第88—89页。
② [德]黑格尔：《逻辑学》（上），杨一之译，商务印书馆1976年版，第69页。
③ [德]黑格尔：《逻辑学》（上），杨一之译，商务印书馆1976年版，第69页。

之所在。当思维作为表象去直观任何一种思维中的表象的时候，就产生了"对立"，把去思维的表象与被思维的表象对立起来，区分出来，立刻就有主客之分。这就是思维的行动，思维的运动，思维的实践。当我们在表象这个"去思维的表象本身"的时候，就产生了对"能动的表象"的表象，这个对思维本身的思维正是内在直观的纯时间。因此，空间直观本身具有非常革命的意义，即"具有否定的能动性"。这种能动性的表象就是纯粹否定性本身，即作为时间的概念。

思维将自己的产物收归己有之后，直观就具有消极的意义，但是却获得了稳定的居所，具有了观念的存在论内涵，也就是我们后面所讲的共相，即思维之定在。它与时间的空间化、具体化有关系，下文引用黑格尔在《精神现象学》第八章的一段话来简要说明。

黑格尔说：

时间是在那里存在着的并作为空洞的直观而呈现在意识面前的概念自身；所以精神必然地表现在时间中，而且只要它没有把握到它的纯粹概念，这就是说，没有把时间消灭扬弃，它就会一直表现在时间中。时间是外在的、被直观的、没有被自我所把握的纯粹自我，是仅仅被直观的概念；在概念把握住自身时，它就扬弃它的时间形式，就对直观做概念的理解，并且就是被概念所理解了的和进行着的概念式的理解的直观。①

这种直观中，我们就会明确概念的广延。它（绝对概念）在时间中的体现……这个外在化存在于它自己的（空间的）广延中。②

二、"确定性"与思维之"观"

西方哲学自巴门尼德起就开始了对"确定性"的寻求，他的"是者"存在、"不是者"不存在的训条，表明西方开始从语言和逻辑中，寻求这种"确定性"。黑格尔在《小逻辑》中说："巴门尼德认'绝对'为'有'……在这里第一次抓住了纯思维。"黑格尔在论存在之质的时候，他说，"纯有，若不再是抽象的直接性，而是包含间接性在内的'有'，则是纯思维或纯直观。"③苏格拉底关于善本身的"确定性"，以及柏拉图对于理念的"确定性"的寻求，开启了从矛盾中寻求这种"确定性"，特别是到了亚里士多德开始从"形而上学"的角度来寻求这种"确定性"，在他看来，最清晰的知识、最可传授的就是第一哲学了。

近代，贝克莱的"存在即被感知"，开始了从感性中寻求这

---

① ［德］黑格尔：《精神现象学》（下），贺麟、王玖兴译，商务印书馆1979年版，第268页。
② ［德］黑格尔：《精神现象学》（下），贺麟、王玖兴译，商务印书馆1979年版，第275页。
③ ［德］黑格尔：《小逻辑》，贺麟译，商务印书馆1997年版，第189页。

种"确定性",洛克关于观念的明晰性的区分则是从"知性"寻求这种"确定性",笛卡尔从普遍怀疑直到找到"我思"这个基点,从而从理性和思维之中来寻求这种"确定性"。总之,古希腊从形而上学中寻求这种确定性;而近代则是从认识论中寻求这种确定性。在《精神现象学》中,黑格尔把形而上学与认识论联系起来。他在第一部分中,探讨了感性确定性;在第二部分中,探讨了自身确定性的真理;在第三部分中,探讨了理性的确定性。

什么是确定性呢?确定性就是对存在的明晰之象,这里既可以是感性的直观,也可以是知性的"反观",还可以是理性的直观。感性和理性都可以直观,唯有知性是"反观"。如果用黑格尔的辩证法来看,感性的直观是一个肯定,知性的"反观"是一个否定,而理性的直观则是否定的否定。我们知道,在康德哲学中,知性和理性都是不具有"观"的能力;但是,在黑格尔这里知性获得了"反观"能力,这种反观黑格尔称之为"反映""反射""反思"。其实就是通过事物中的矛盾让事物的确定性向我们显现,黑格尔在《精神现象学》中使用了"自身确定性"的这种说法。对于理性,黑格尔则说:"绝对概念所建立起来之有是无限的、透明的实在,概念在这个建立起来之有中直观其创造物,而在那无限透明的实在中直观它自身。"①

我们可以看到,康德的时间和空间,都是先天直观形式。而

---

① [德]黑格尔:《精神现象学》(下),贺麟、王玖兴译,商务印书馆1979年版,第272页。

且，康德在探讨知性的时候，各种时空图形是联系感性和知性的一个中介桥梁。但是，康德只是把它们作为一种意识来看待，而不是把它们看作"存在"。康德哲学中的"存在"是"自在"，是"物自身"。其实"自在"只是"时空自在"的另一种说法，所以"自在"成了超时空的实践哲学中所探讨的内容了。

黑格尔是如何将康德的"直观"从感性世界中解放出来，让它在知性领域中"反观"，在理念中"直观"这些"反观"呢？其实，这是形而上学与逻辑学的杂交的产儿。按照康德哲学的逻辑，只有时空中的"存在"才能被"观"，而黑格尔则对康德哲学做了翻转，只要是可以观的，就是"存在"，当然这时的存在就不是自然时空中的存在，而是我们思维时空中的存在了。因此，对于黑格尔来说，仅仅是意识中的确定性是不够的。不论是贝克莱的感性确定性还是洛克的概念的明晰性，都不足以跟笛卡尔理性的明确性相比，因为笛卡尔的"明确性"是一种"存在"的明确性。黑格尔说："'我思维，所以我存在'并不是一个推论……这种确定性是在先的。……而这个直接的东西恰恰就是所谓存在。"① 此处，黑格尔已经明确将理性的直观与思维本身和存在联系起来。对感性存在之观，在康德那里称之为直观，在黑格尔这里思维存在之观称之为理性直观。但是，黑格尔之"观"最为丰富的地方，是通过事物的矛盾所揭露出来的"反观"和"映像"。

---

① ［德］黑格尔：《哲学史讲演录》第4卷，贺麟、王太庆译，商务印书馆1978年版，第71页。

三、共相是思维时空中的第一种"存在"

《精神现象学》中,黑格尔首先用作为空间的"这里"与作为时间的"这时"来否定"意谓"不能存在于人类的感性确定性之中。黑格尔用了量的分析法,让"这时"作为无数的"瞬间"之点而存在,但是,我们发现这种无数的时间瞬间之点,是一种既"存在"又"不在"的存在。"这里"也可以还原为不同的"这里",而不是"这里"的共相。此处,我们碰到了魏晋时代的一个很有意思的玄学悖论:"指不至,至不绝。"其实这是词的内涵与外延中的矛盾。

黑格尔将"意谓"清除出人的思维之中。但是,正是"意谓"将人类的精神世界与外在的客观世界联系起来。如果没有"意谓",我们的感性世界将悬置于思维之外。黑格尔为什么要将作为人的空间存在的感性身体与外在感性世界相接处的"意谓"否定掉呢?正如黑格尔自己所言,他这是"扬弃",而不是"删除"。他扬弃了人与世界的感性接触点,是为了让他在人的思维中获得自己的真理性存在。

这里需要一种保持事物在一个空间中,才能使之持续存在,也就是获得持续时间性的存在。同样,这时如果与我们的现实经验相统一就必须也保持一种"持存"。将时间跟空间隔离起来是绝对不行的,就如同"这里"不能没有"这时",任何事物都是这里和这时的一种持续存在。因此,黑格尔说"这个"有"双重存在形式，即这里和这时"①。就"这里"来看，空间是一种普遍性。任何个体性的事物都是一种普遍性，在这种普遍性中，各种属性获得了一个栖居的共同空间。空间不过就是存在之间性，所谓"存在之间性"就是需要一个共同的他者，这个他者可以称为"异化"。福柯就特别喜欢用这样一种异托邦来标示这种存在。黑格尔用"媒介""集合体""单一体"等来言说这种"空间"。但是，我们知道，在"这里"和"这时"之中，都是一个瞬间的"这里"和"这时"。因此，黑格尔在谈到"这里"的时候没有离开过"这时"；在谈到"这时"的时候也没有离开"这里"，在意谓或意指之存在者的时候，往往都是瞬间即逝的一种用感性也把握不到的哲学中抽象的点。这些点对于黑格尔来讲被称之为感性确定性。但是，这种"分析"的极点，我们看到的只是一种纯粹的量，而没有"质"性。感性在黑格尔的现象学中最抽象，可以跟《逻辑学》中的存在相提并论，说它是纯有，其实它又是纯无。在这种纯有和纯无的交相作用下产生了感性中事物的运动变化，在这些变化中能够持续存在的，就是共相。共相是思维空间中的"常"客，是能够在思维中存在的东西。这些共相如盐中的红的、方的、咸的等在康德哲学中属于感性的材料，属于直观中的内容。但是，在现实之中，这些"共相"必须借助"个体"事物的具体时空才能保证自己的持续存在。在黑格尔的世界中，"个体"事物也是一种普遍性或者单一性。个体事物获得了自己

---

① [德]黑格尔《精神现象学》(上)，贺麟、王玖兴译，商务印书馆1979年版，第155页。

的逻辑存在，为各种共相提供了一个"共在的空间"，那就是各种共相的所居之所。

四、思维时空在"对立"中"反观"自身，明确自身之"在"

个体事物有多种属性，这些属性要坚持自己的独立性，因此，它们是杂多，而单一性不过就是这些杂多的"集合"。在此，出现了统一。在这种统一中我们看到这仅仅是一种空间性的统一，也就是说外在统一，似乎是各种属性被并列地置放在一个个体性的空间中。这种外在统一性就是我们所说的思维中的"媒介"。黑格尔将这种在个体"空间"获得统一性的共相用一个"又"链接起来了，而这个"又"仅仅是这个个体提供的空间的普遍性，如同各个共相在一个房间中相安无事地存在着。个体当然占有一个外在的空间位置，但是个体本身也是一个具体的空间，这个具体的空间同时又为其中各种存在属性提供了一个暂居之所。但是，这并不是真正的统一，而是外在统一。

但是，这个单一体意识到自己不仅仅是他者寄居的空间，也是独立存在，可是这些属性在客观世界中只能寄居在这个有广延的个体之中，它们坚持自己的自为存在，于是它们就会再次陷入分裂。这个个体因为失去了自己的自为存在，因此仅仅是一个为他的寄居之所。但同时这个个体事物又会发出自己的抗议，于是这些属性就成了这个个体的属性，没有自己的独立存在。正是在这种作为共相的属性与作为普遍性的个体空间之间的矛盾斗争之中，发展为吸引和排斥两种力，这两种力是事物自我反映与他物映现的力量的较量，是自"我"观与自"他"观的一种对抗，在思维的力量中表象为综合与分析的两种力量，在存在中表现为"分立"与"连续"两种力量，这种对立的两极之间力场就是思维空间。在此，我们使用了《精神现象学》中的例子，下面我们联系《逻辑学》中的例子来说这个问题。

在本质论中黑格尔首先提出了"同一"与"差异"，这是一种比较性思维，柏拉图首先对同与异作了辩证法的解读。黑格尔把同一定义为"反思的自身联系"①，而"差异"则是"自己和自己联系的否定性"②。黑格尔认为这两个概念是同一个内涵。庄子说的"万物毕同毕异，此之谓大同异"就是黑格尔在这里所讲的"同异"这对范畴，在本质论中，任何范畴都有自己对立的一方，思维运动的内在动力形成思维运动的时空轨迹，这也是本质论或者矛盾论的魅力所在。

在本质论中，前面讲的"共相"被称为"特质"或者"质料"，它们都是"实存"，是从"根据"而来。"根据"与"实存"是一对范畴。因为根据的定义是同一与差异的同一，而"同一"的定义是自身"反"映。我们应该特别留意这个"反"字，因为我们可以将它置换为"他"字，这样同一就是从自身观"他观"。而差异就是可以翻译为他物反映，就是从旁观"他观"。因此，同一与差异不过是一体之两面，而根据不过是同和异的统

---

① [德]黑格尔：《小逻辑》，贺麟译，商务印书馆1997年版，第247页。
② [德]黑格尔：《小逻辑》，贺麟译，商务印书馆1997年版，第250页。

一。根据之所以是根据就是因为通过同一之自证与差异之他证来相互印证，从而"在思想规定自己的发展过程中，那些未经理解和证明的思想便可同时得到理解和证明"。这与《红楼梦》中所讲的"你证我证，心证意证。是无有证，斯可无证。无可云证，是立足境。无立足境，方是干净"有异曲同工之妙。但是，"根据"作为一种自我证明过程，是为了证明"物"之"实存"，如果把"无立足境，方是干净"去掉就是黑格尔所讲的物之"实存"。如果加上后两句，就成了康德所说的"物自身"。黑格尔在这里展开了对康德"物自身"之"太干净"的批判。因为，"物自身只是抽象的自身反映，它不反映他物"，从而使得"物自身"不去沾染他物，不能在时空之维中"奔流"。后面黑格尔讲到的质料与形式就是在《精神现象学》中所讲的共相属性与普遍个体的逻辑空间化的名称。

五、唯心辩证法的内在原则

空间与时间是黑格尔辩证法的内在原则。我们研究了"空间的时间化"，黑格尔从"一般他物"的角度上来界定"纯有"，即从外在直观、空间直观的角度来界定"纯有"，而外在直观本身就是对立之观，所以外在直观本身就是矛盾的设定，它是时间的，是活动的，是存在的自我展开和运动。只有在这种展开中，才能产生规定性和共相。在收归己有的过程中，这种概念的广延才得以生成，这就是黑格尔所谓的在异在之中，就是在自己本身之中，在那狂奔的外在直观设定对立性之后，在居无定所的外出之后，概念终于在收归己有后，安居于这个概念的广延之中。我们第三节所讲的共相正是思维时空中首先建立起来的存在。

但是共相太不安分，它时而坚持自己为属性，时而坚持为个体、单一性，于是作为共相，个体与属性之间展开了对立斗争，这样就过渡到本质的反射、反映、反思之中，在这里，实际存在的这种建立起来的间接存在，表明自己只是自身反映的他物反映，它是自我反映与他物反映的统一，而这正是我们在最开始谈到的空间是外在直观，发展为他物反映，时间是内在直观，发展为自我反映。也就是说，时空直观或者时空中潜藏着的思维规定在本质中展现出来，正如黑格尔所说，本质是过去的存在，这个"过去"是经历过的意思，它在过程中所经历的是直观中的直接性，现在发展为具体的间接性，外化为知性中思维时空的一种活动。

第四节　马克思对黑格尔辩证法的超越

黑格尔的历史哲学实现了空间的时间化、历史化，而马克思则用时间去消灭空间。黑格尔致力于在国家和意识形态中解决社会问题，而马克思则认为社会问题只能通过社会的自我革命来解决，通过人类的社会化或社会化的人类来解决。黑格尔是一个民族主义者，而马克思是一个世界主义者。黑格尔只能对过去的事物做出合理的解释，而唯物主义的历史观则直接指向未来。在黑格尔与马克思的历史观的差异中，到处体现出辩证法之历史逆向性和发展顺向性之间的张力。

一、历史的起点与终点

黑格尔在《历史哲学》中，根据自然地理条件即空间条件将世界历史文明划分为高原、平原和海洋文明，将中国文化作为世界历史的起点来看，而将日耳曼文明作为世界历史的终点来看。这种观点的客观依据是"空间"文明的"时间"化，具体表现为作为所有制的地产存在形式。黑格尔将世界上各个民族的思想做了对比，并将特殊地域的民族精神理解为世界精神发展的特殊阶段。前资本主义时代的社会生产力不足以使世界的各个民族发生现实的联系，那时世界历史表现为不同民族的民族史。生产力越是发展，各个民族间的交往就越是频繁，就越是表现为世界史。但是，不同空间中的社会生产力发展水平是不平衡的。因为不同地域间的自然生产水平不同，于是一些生产力发展水平高的民族就首先开始了与其他民族之间的交往，这些民族表现为世界历史民族。在前资本主义的世界历史中，历史就似乎表现为一种空间的排列。黑格尔认为，世界文明有一个绝对的东方，作为世界历史的起点而存在，那就是中国。世界文明也有一个绝对的西方即世界文明的终点，那就是日耳曼。但是，黑格尔的缺点，表现在世界历史似乎到了日耳曼文化就终结了。而事实恰恰相反，人类的世界历史才刚刚开始。

在马克思看来，前资本主义社会只不过是人类的童年。他认为黑格尔所探讨的世界历史只是世界历史阶段的前置阶段，或者说当时的世界历史只是作为一种潜在的世界历史而存在，这种世界历史还没有作为世界历史而存在。也就是说，世界历史还局限在自己的地域性之中。正因为如此，世界历史表现为不同地域民族精神的发展阶段。只有世界市场的建立，才打破了世界历史的这种外在性关系，使得世界上不同的民族建立了现实的联系。

与黑格尔不同，马克思将世界历史的发展划分为三大阶段，分别是：血缘共同体、货币共同体、自由人联合体；认为在货币共同体阶段，人类才开始了真正的世界历史性存在；但是只有到了自由人联合体阶段，人类才完成了自己的世界历史性存在的建构。在这之前的人类，还没有获得自己的类存在，人类还在形成自己的类本质的过程之中。只有到了共产主义阶段，人类才能充分实现自己的类本质。这个阶段是人的历史的"终结"。当然，这只是在"所有制"意义上的一种"终结"。按照马克思的唯物史观，从原始共产主义经历各种形式的私有制到将来的共产主义的整个发展过程，就是已经获得了自己的本质的人，再次失去自己的本质，在扬弃自己的狭隘本质的普遍化中，重新占有自己人的本质。

这里所讲的本质不是别的什么东西，正是所有制或者私有制。人本来生活在原始的、处于迷信状态中的、具有地域局限性的共产主义生活中。随着生产力的发展，人们开始突破这种地域局限性。这种具有地域局限性的共产主义在前资本主义社会的终点就是"日耳曼文明"。以此为起点,人类进入到资本主义货币共同体时代。在这个时代中,世界市场实现了人们之间的普遍交往,但是世界市场还仅仅是人与人之间的交往关系,而且是货币交往关系的世界化("二战"前资本主义的特点),只有到了世界完成了生产全球化之后,我们才能为进入共产主义社会奠定物质基础。正是在这种意义上,马克思说,共产主义只有全世界一起同时发生在经验上才是可能的。

二、历史与辩证法的关系

黑格尔说:"从波斯帝国起,我们开始走上历史的联系。波斯人是第一个历史的民族;波斯帝国是第一个失去的帝国。"① 作为这样的民族还有希腊、埃及、罗马。在此,我们把黑格尔所理解的历史理解为一种"暂时性"的"可以逝去的"。与此相比较,我们看到黑格尔另一个非常有意思的划分,他把亚细亚的远东地区,包括中国和印度作为世界历史的起点,但认为他们是"非历史"的。我们不能将"非历史的"理解为"不及于"历史,而是要理解为超越历史的。黑格尔是这样来表述中国的:"它既然是最古的、同时又是最新的帝国。"② 他对印度的表述是:"像中国一样,印度是又古老又近代的一种形态;它一向是静止的。"③ 这

---

① [德]黑格尔:《历史哲学》,王造时译,上海书店出版社2006年版,第160页。
② [德]黑格尔:《历史哲学》,王造时译,上海书店出版社2006年版,第110页。
③ [德]黑格尔:《历史哲学》,王造时译,上海书店出版社2006年版,第129页。

就是世界历史的"实体性"存在。在日耳曼文明中，人类历史达到了另一种"超历史性"的存在，这就是所谓的"普遍性"的原则，或者"主体性"原则。黑格尔的世界历史观中有一个起点，又有一个终点，这个起点和终点不能重合。因此，在黑格尔世界历史理论中，这个起点和终点有着非常明显的形而上倾向，这个起点和终点明显是超历史的，是静止的，其中蕴含着"世界历史的终结"的种子。这种倾向跟黑格尔哲学中起点即终点的理论是相矛盾的。

马克思跟黑格尔不同。他对世界历史的理解有两个唯物主义的逻辑体系，也可以说是两种辩证法体系。第一个体系就是我们经常提到的血缘共同体、货币共同体、自由人联合体的划分，这是马克思唯物史观的大逻辑；还有一个体系很多研究者没有注意，这个体系是马克思在《资本论》第一卷末尾提出的。他说：

> 资本主义私有制，是对个人的、以自己劳动为基础的私有制的第一个否定。但资本主义生产由于自然过程的必然性，造成了对自身的否定。这是否定的否定。这种否定不是重新建立私有制，而是在资本主义成就的基础上，也就是说，在协作和对土地及靠劳动本身生产的生产资料的共同占有的基础上，重新建立个人所有制。①

马克思对世界历史的这两种三段论式的理解不是孤立的，而

---

① 马克思：《资本论》第1卷，人民出版社2004年版，第832页。

是联系在一起的。马克思唯物史的大逻辑是从共同体的角度上来理解的，小逻辑则是从个体的发展的角度来理解的。大逻辑注重整体，小逻辑注重个体。

我们看到黑格尔历史哲学中的个体性原则也是比较明显的，他对个体性的理解仅仅局限在前资本主义社会中的血缘共同体及其自我异化的理解。黑格尔认为亚细亚生产方式只知道一个人的自由，古典古代生产方式知道一些人的自由，日耳曼生产方式则知道所有人的自由。马克思充分肯定了黑格尔的这种历史眼光。因为马克思也将前资本主义社会中的血缘共同体阶段的历史划分为这三个大的历史阶段。但是，马克思将这些发展阶段做了原生形态与次生形态的区别。原生形态与自然生产力或者自然环境有关，这种原生形态的共同体不是生产出来的，不是人类劳动的结果，而是人类劳动的前提。最初的物质交往形式的自然起源是马克思揭示亚欧文明之揖别的第一个物质原则，同时也是第一个自然形式。这也是我们上面提到的黑格尔之所以能够将不同"空间"民族文明做出"时间"性安排的合理性之所在。

但是，马克思并没有仅仅局限于此，马克思探讨了这些交往形式的次生形态。原生形态向次生形态转化的过程就是原始公有制向私有制的过渡过程，同时也是整体性或者实体性原则向个体性原则的发展过程。但是，这些个体性原则作为私有制"依这些私人是劳动者还是非劳动者而有所不同，私有制在最初看来表现出的无数色层，只不过反映了这两极间的各种中间状态"[①]。同时

---

① 马克思：《资本论》第1卷，人民出版社2004年版，第830页。

只有劳动者是自己生产资料的所有者的地方,"它才得到充分发展,才显示出它的全部力量"。因此货币作为最为自由的私有财产,一方面对血缘共同体具有否定作用,同时建立在劳动者对自己劳动产品处于一种肯定关系的私有制上。资本主义作为一种对这种自由意义上的私有制的否定,其实是重新建立了一种社会性、整体性的生产,只不过这些社会性的、整体性的生产在私人的支配下进行,而将来劳动者共同占有下的个人所有制,并不是一种物质财富的私人独占,而是个人对自己和他人个性的全面占有。

三、马克思辩证法对黑格尔的批判与超越

马克思对黑格尔辩证法的批判是从黑格尔的法哲学开始的。在《黑格尔法哲学批判》中,马克思明确指出了黑格尔辩证法的非批判性本质——主谓颠倒。主谓颠倒就是把异化的中介性环节作为主体,而把对立的双方作为这个中介性的主体的谓语、作为客体来理解。其实就是把"精神劳动"作为主体来理解,而所有的自然和物质成分都是作为这些主体的质料来受主体的支配。黑格尔之所以出现这种主客体颠倒的问题在于黑格尔的二元论,而黑格尔的二元论的根本就是黑格尔没有抓住存在的对立与本质的对立的区别。主谓颠倒、二元论、存在的对立与本质的对立的混同,这三个方面是理解马克思如何改造黑格尔辩证法的关键。因为,马克思认为黑格尔的唯心辩证法的关键就是采用了客体创造

主体方式，使得真正的主体与精神的主体处于二元对立之中。这是因为黑格尔混同了两种对立，即存在的本身的对立和本质的对立。

马克思说："一个概念可以抽象地把握；它不是作为一种独立的东西而具有意义，而是作为从某种他物中得出的抽象并且仅仅是作为这样一种抽象才具有意义。"① 因此，我们可以看到，政治国家作为社会意识、作为上层建筑，只是社会存在的一种抽象而具有意义的，它本身并不具有独立的意义。正是从这个意义上讲，罗马的私法可以成为资产阶级国家的法的典范，古希腊的哲学也可以在近代来一次复兴。因此，马克思说一切意识形态都不具有历史，这跟黑格尔讲的意识形态的历史恰恰形成了对比。这些思维形式或者思想形式是不具有独立性的，它们只是作为从某种他物中得出的抽象，并且仅仅是作为这样一种抽象才具有意义，但是黑格尔却赋予这个从他物的抽象或者异化存在一种主体的地位。正是黑格尔对本质的对立中的现实个体的漠视，使得抽象的实体成为一个独立的主体来完成绝对精神的世界历史性环游。因此，黑格尔是赋予了不同"空间"中的精神文明或者意识形态一种逻辑上的"时间"顺序，从而完成了绝对精神的世界历史性旅行，正如黑格尔在《历史哲学》中所言，这种世界历史是精神自己证实自己的神正论。

因此，黑格尔只是在精神上找到了这种对立的解决、这些矛盾的和解与这些问题的答案，他的哲学并没有达到世界历史性的

---

① 《马克思恩格斯全集》第3卷，人民出版社2002年版，第111页。

意义，而只有民族国家中的意义。黑格尔所谓的对立和问题是二元论的对立和问题，他不是从社会存在本身去发现自己的内在矛盾，而是将这种矛盾仅仅理解为社会存在与社会意识中的矛盾，因此，他的解决方案也只能是在社会意识中、在民族国家中去寻求。但是，马克思却从社会存在去寻求矛盾，从人类社会或者社会化的人类去寻求答案。黑格尔的辩证法的唯心主义成分体现在其狭隘的世界观的民族性之中，而马克思的历史观的唯物主义成分体现在其开放的人类世界中。因此，马克思的历史唯物主义比黑格尔的《历史哲学》看得更远，黑格尔只是在世界精神发出光明的地方来观看，马克思的唯物史却可以从黑暗中寻求光明。黑格尔的《历史哲学》之所以局限于光明之中，就是因为他仅仅是从精神文明的视角来理解、观察历史发展，不懂得历史发展的真正动力在哪里，也看不清历史发展的将来归属，所以不仅仅哲学在黑格尔的辩证法中终结了自己，世界历史也在黑格尔的世界精神中走向了自己的终点。

主要参考文献

[1]《马克思恩格斯全集》第19卷,人民出版社1979年版。

[2]《马克思恩格斯全集》第30卷,人民出版社1995年版。

[3] 马克思:《资本论》第1卷,人民出版社2004年版。

[4]《马克思恩格斯全集》第3卷,人民出版社2002年版。

[5]《马克思恩格斯全集》第42卷,人民出版社1979年版。

[6]《马克思恩格斯全集》第46卷(上),人民出版社1979年版。

[7]《马克思恩格斯全集》第46卷(下),人民出版社1979年版。

[8]《马克思恩格斯全集》第45卷,人民出版社1979年版。

[9]《马克思恩格斯选集》第1卷,人民出版社1995年版。

[10] [苏联] 大卫·鲍里索维奇·梁赞诺夫:《德意志意识形态·费尔巴哈·梁赞诺夫版》,夏凡译,南京大学出版社2008年版。

[11] [德] 黑格尔:《逻辑学》(上),杨一之译,商务印书馆1976年版。

[12] [德] 黑格尔:《精神现象学》(上、下),贺麟、王玖兴译,商务印书馆1979年版。

[13] [德] 黑格尔:《小逻辑》, 贺麟译, 商务印书馆 1997年版。

[14] [德] 黑格尔 (hegel):《历史哲学》, 王造时译, 上海书店出版社 2006 年版。

[15] [德] 黑格尔:《哲学史讲演录》第 4 卷, 贺麟、王太庆译, 商务印书馆 1979 年版。

[16] [德] 马丁·海德格尔:《存在与时间》, 陈嘉映、王庆节译, 生活·读书·新知三联书店 2006 年版。

[17] [德] 马丁·海德格尔:《路标》, 孙周兴译, 商务印书馆 2000 年版。

[18] [美] 卡罗尔·C. 古尔德:《马克思的社会本体论: 马克思社会实在理论中的个性和共同体》, 王虎学译, 北京师范大学出版社 2009 年版。

[19] [美] 大卫·哈维:《新帝国主义》, 初立忠、次晓雷译, 社会科学文献出版社 2009 年版。

[20] [美] 威廉·I. 罗宾逊:《全球资本主义论》, 高明秀译, 社会科学文献出版社 2009 年版。

[21] [美] 大卫·哈维:《跟大卫·哈维读〈资本论〉》, 刘英译, 上海译文出版社 2013 年版。

[22] [德] 恩斯特·卡西尔:《语言与神话》, 丁晓等译, 生活·读书·新知三联书店 1988 年版。